本书得到"首都对外文化贸易与文化交流协同创新中心"经费支持

"一带一路"沿线主要国家文化市场研究系列丛书

总主编 李嘉珊

国际文化市场研究

RESEARCH ON INTERNATIONAL CULTURAL MARKET

波兰卷

POLAND

VOLUME

《国际文化市场研究·波兰卷》编写组
编著

社会科学文献出版社
SOCIAL SCIENCES ACADEMIC PRESS (CHINA)

"一带一路"沿线主要国家文化市场研究系列丛书

指导单位

中华人民共和国商务部服务贸易和商贸服务业司

编撰单位

北京第二外国语学院国家文化发展国际战略研究院
首都国际服务贸易与文化贸易研究基地
首都对外文化贸易与文化交流协同创新中心
国家文化贸易学术研究平台

总主编

李嘉珊

《国际文化市场研究·波兰卷》作者

《国际文化市场研究·波兰卷》编写组

总　序

学术外交为媒　连接中国与世界

　　世界上本没有路，古丝绸之路通过贸易连接起亚欧非人类文明，是商人把各自的文化伴随他们带往异国的香料种子一起沿途播撒，时间久了，走的人多了，也便成了路。今天，当我们以民心相通为基础推进"一带一路"建设之时，更离不开文化的传播与文明的对话。近年来，中外文化交流日益频繁，合作亮点频频，多项中国与共建"一带一路"主要国家文化合作纲要的签署更为中外文化交流与合作创造了不可多得的机遇。文化产业作为朝阳产业在各国发展中的作用和地位日益凸显，越发受到各国政府重视。作为连接中国与世界的重要纽带，文化产业国际合作将成为未来国际发展的新引擎。在双循环与新发展格局背景下，文化贸易是切实推进民心相通的重要纽带，实现文化市场的互联互通是关键。

　　各国在广播影视、艺术表演、图书版权、动漫游戏、创意设计等领域的发展都独具特色，其中，不同国家和地区的交流与合作愿望强烈。遗憾的是，长期以来有关国家文化市场的信息缺失，中外沟通渠道不畅，在一定程度上成为发展中外文化贸易的主要障碍。

　　为破解难题、精准对接中国与全球文化市场，推动中国文化产业"走出去""提质增效"，自2015年起北京第二外国语学院国际服务贸易与文化贸易研究团队，汇聚国内外57家大学和研究机构的政产学研各界别70余位专家。学术交流内容聚焦、特点鲜明，学术合作成效显著。基于平等对话的前提，自信表达中方学术观点，与外方既有思想碰撞又互学互鉴，构建起务实合作的学术交流机制。同时聚焦前沿话题，精准对接中外文化产业资源，推进文化贸易发展。作为学术外交的实践先行者，组建起多支中外合作研究团队启动编撰"国际文化市场研究"系列丛书，搜集、梳理、翻译文献资料，分析、研讨、撰写研究报告，努力将共建"一带一路"主要国家文化市场的情况全面、真实、准确地呈现出来。主要内容包括共建"一带一路"主要国家文化市场发展特点，文化市场供求状况，文化市场政策、资金和人才状况，文化产业国际化状况以及重点文化行业的市场发展状况。

"一带一路"沿线主要国家文化市场研究系列丛书得到中华人民共和国商务部服务贸易和商贸服务业司的支持和指导。"国之交在于民相亲，民相亲在于心相通"，我们将共同见证中国与共建"一带一路"主要国家文化产业的全面合作，期待把文化贸易新篇章书写在"一带一路"倡议实施的征程中！

总主编：李嘉珊

北京第二外国语学院教授
国家文化发展国际战略研究院常务副院长
首都国际服务贸易与文化贸易研究基地首席专家
国家文化贸易学术研究平台专家兼秘书长
2021年10月

目录 CONTENTS

001 / 第一章 序言
  一　波兰文学大家辈出　　　　　　　　　　　002
  二　波兰音乐举世闻名　　　　　　　　　　　004
  三　波兰艺术流派多样　　　　　　　　　　　005
  四　波兰宗教信仰自由　　　　　　　　　　　007
  五　波兰文化节庆丰富　　　　　　　　　　　007

011 / 第二章 文化市场发展特点
  一　文化创意产业多样化经营，分布高度集中　012
  二　重点文化行业发展迅速　　　　　　　　　012
  三　文化基础设施相对健全　　　　　　　　　016
  四　文化活动丰富，群众参与度高　　　　　　017

021 / 第三章 文化市场主体
  一　文化企业发展情况　　　　　　　　　　　022
  二　文化机构是培养大众文化需求的主要场所　029
  三　行业组织在重点行业领域发挥关键作用　　030
  四　学术研究机构指导文化市场的产业实践　　033
  五　文化市场就业情况　　　　　　　　　　　034

037	第四章	文化市场供给	
	一	图书出版领域	038
	二	电影领域	040
	三	文化场所活跃度不断提升	041

045	第五章	文化市场需求	
	一	消费者文化需求结构发生转变——以图书市场为例	046
	二	波兰民众历史文化需求偏好各异	050
	三	消费群体有待扩展	051

055	第六章	文化市场政策	
	一	增加文化经费投入	056
	二	立法支持	057
	三	各文化行业相关政策	058

065	第七章	文化市场资金	
	一	波兰文化和国家遗产部经费投入增加	066
	二	地方政府支持文化产业发展	071
	三	文化基金会作用明显	077
	四	行业机构的资金提供了有力补充	078

081	第八章	文化产业国际化	
	一	积极融入国际环境	082
	二	重点文化行业国际化特征显著——以电影行业为例	083
	三	波兰文化贸易概况	088

093	第九章	重点行业市场发展现状	
	一	广播电影电视领域	094
	二	表演艺术领域	102

目 录

　　三　图书版权领域　　　　　　　　　　　　115
　　四　游戏领域　　　　　　　　　　　　　　133
　　五　广告领域　　　　　　　　　　　　　　136
　　六　艺术教育领域　　　　　　　　　　　　140
　　七　博物馆领域　　　　　　　　　　　　　145
　　八　文化遗产领域　　　　　　　　　　　　150

173 / 第十章　中国与波兰文化交流合作趋势与展望
　　一　中国—波兰全面战略伙伴关系的建立　　174
　　二　近年来中国与波兰经贸合作情况　　　　178
　　三　中国与波兰文化交流合作情况　　　　　180
　　四　中波文化产业政策推广力度较大　　　　182
　　五　中国与波兰未来合作展望　　　　　　　182

184 / 附录：波兰文化产业政府机构

188 / 后　记

第一章
序言

波兰是一个位于东欧平原的西斯拉夫国家,其历史可以追溯到约公元前700年的石器时代,但考古发现,至少在旧石器时代晚期就已经有人类在今天的波兰一带活动。其后,斯拉夫民族的一支——西斯拉夫人开始在东欧平原活动,并在原始部族的农耕和游牧中度过了漫长的原始公社社会。10世纪,波兰人建立了属于自己的国家。11~15世纪,波兰国势极为强盛,波兰—立陶宛联合王国成为抵御钦察汗国入侵的"欧洲之盾",并且成为欧洲面积最大的国家。

16世纪是波兰发展的"黄金时代",波兰此时身兼欧洲大国和世界贸易大国的双重身份,其文化也得到了长足的发展。但从17世纪中期开始,由于俄罗斯和普鲁士的崛起,波兰逐渐走向衰弱,大国地位明显遭到削弱。到18世纪时,古老的贵族民主制已经衰败不堪,深受自由否决权毒害的波兰最终被邻国蚕食和瓜分。自此,波兰在欧洲地图上消失了123年。

第一次世界大战结束后,波兰才得以复国。在第二次世界大战中,在苏联和纳粹德国两个强大邻国夹缝中生存的波兰很快就在战争中再次亡国。第二次世界大战后,波兰统一工人党上台执政并建立了波兰人民共和国,开始了社会主义建设。不过,波兰的社会主义道路并不平坦,国内政局动荡。

1989年,波兰团结工会获得政权,波兰开始转向西方社会制度,融入西方社会,经济剧烈转型。1999年和2004年,波兰分别加入北约和欧盟。

历史的复杂多变造就了波兰独特的民族特点和社会体系,同时也使波兰在文学、音乐、艺术、宗教、节庆等各个方面都极具鲜明的文化特色。

一 波兰文学大家辈出

波兰民族文学在其国家生活中占有极为特殊的地位。数百年来,文学伴随着波兰历史进程的跌宕起伏,丰富了波兰文化的神韵,培育了波兰政治的激情。波兰文学萌芽较迟,最早的文学类作品是一些用拉丁文写成的圣徒传记和宗教活动编年史,出现于11、12世纪。13世纪,教会开始用波兰文翻译天主教祈祷词。大约在13世纪末,出现了第一篇用波兰文写的文学类作品《圣母歌》(*Bogurodzia*)。

16世纪,波兰文学受文艺复兴的影响,摆脱了中世纪宗教的束缚,着重表现普通人的生活和思想感情。这个时期出现了别尔纳特(1465~1529)、米·雷依(1505~1569)、扬·科哈诺夫斯基(1530~1584)、克·亚尼茨基(1516~1543)、希·希莫诺维茨(1558~1629)、法·克洛诺维奇(1545~1602)等一大批作家。他们创作的各种诗歌,揭露了教会和封建贵族统治者的贪婪和自私,表达了对祖国的热爱。17世纪至18世纪初,由于政治腐败和连年战争,波兰国势逐渐衰微,社会矛盾尖锐,文学也随着"百年辉煌"的结束开始衰落。这个时期占统治地位的宫廷文学大多追求形式,内容贫乏。

18世纪末到19世纪,波兰惨遭瓜分和沦亡,侵略者企图消灭波兰文化。在政治重压下,波兰文学反而表现出顽强的生命力,内容和形式都大为丰富。出版业和戏剧表演活动的发展,使波兰文学作品得到普及和传播。这个时代的代表人物是浪漫主义伟大诗人密茨凯维奇(1798~1855),他毕生都在为争取波兰民族自由而奋斗。他的诗歌满载民族的创痛,表达了爱国者强烈的救世心愿。他的抒情诗简洁明快,充满激情和寓意,把妇女的形象提高到波兰文学中前所未有的高度。

同时期,波兰涌现出一大批浪漫主义诗人,主要有尤·斯沃瓦茨基(1809~1849)、齐·克拉辛斯基(1812~1859)、安·马尔切夫斯基(1793~1826)、约·博扎莱斯基(1802~1886)、塞·戈什琴斯基(1801~1876)等。他们的诗歌,弘扬了波兰民族精神,鼓舞了波兰人民争取民族独立和自由的斗志,吹响了反抗侵略者斗争的号角。波兰国歌《波兰没有灭亡》就诞生在这个时代。克拉西茨基(1735~1801)创作的第一部波兰小说《米科瓦亚·多希维亚德钦斯基历险记》于1776年问世。后来创作小说的作家还有艾·奥什科娃(1841~1910)、博·普鲁斯(1847~1912)、玛·科诺普尼茨卡(1842~1910)等。他们的小说《马尔达》(1872)、《涅曼河畔》(1887)、《前哨》(1885)、《玩偶》(1889)、《法老》(1895)等,当时在国内外都有广泛的影响。

进入 20 世纪后，波兰文学进一步繁荣，形式更加灵活多样，很多小说被改编成影视作品搬上银幕。截至 2019 年，波兰已有 5 位文学家获得诺贝尔文学奖。第一位是显克维奇（Sienkiewicz, 1846~1916），1905 年获奖。他的获奖作品《你往何处去》是一部描写尼禄统治下的罗马的历史小说，被译成多种文字。第二位是弗·莱蒙特（Władysław Reymont, 1865~1925），1924 年获奖。他的获奖作品是长篇小说《农民》，描述了一年四季的农民生活，几乎全部用农民的语言写成。第三位是切斯瓦夫·米沃什（Czesław Miłosz, 1911~2004，美籍波兰人），1980 年获奖，其作品以古典风格和包含哲理与政治问题而著名。第四位是来自克拉科夫的女诗人维斯瓦娃·辛波丝卡（Wisława Szymborska），1996 年获奖，其诗作被称为"具有不同寻常和坚韧不拔的纯洁性和力量"。第五位是奥尔加·托卡尔丘克（Olga Nawoja Tokarczuk），2019 年 10 月 10 日，奥尔加·托卡尔丘克获得 2018 年诺贝尔文学奖，同时她也曾两次获得波兰文学最高荣誉"尼刻文学奖"[①] 评审团奖，四次获得"尼刻文学奖"读者选择奖。

二 波兰音乐举世闻名

波兰民族对世界音乐艺术的发展做出了杰出贡献，诞生了以肖邦为代表的一批作曲家及音乐家。同时，波兰的爵士乐和民间音乐也有其鲜明的特色。

肖邦（Fryderyk Chopin, 1810~1849）出生于一个音乐世家，在襁褓中便对母亲和姐姐的琴声有奇特的反应。6 岁时即能再现他听到的自然声音从而编造曲调。7 岁时创作了一首《G 小调波洛乃兹》并印刷出版。作为一个颇有名声的神童，他经常在王公贵族的聚会上演奏。16 岁时入华沙音乐学院，后来又到维也纳学习。学习期间，波兰爆发反俄起义。家人阻止他回国参战，维也纳人也不关心他的民族的独立斗争，因此他决定去巴黎寻求对波兰民族独立斗争的支持。在护照办理一延再延的时间里，他开始为一些爱国主义诗歌

---

① 尼刻文学奖（Nagroda Literacka NIKE）是波兰文学最负盛名的奖项之一。成立于 1997 年，由波兰第二大报纸《选举日报》（*Gazeta Wyborcza*）设立。

谱曲，波兰国歌的曲调就是他那个时期的作品。后来，他奔波于法国和英国之间，创作了大量乐曲，同时也参加波兰的救亡活动，结识了很多著名文学家和诗人。为了生计，肖邦经常登台演奏或为私人教授音乐。家乡不断传来起义被镇压的坏消息，使他悲痛欲绝。1848年，法国爆发革命，周围的人都对波兰的情况漠不关心，而心灰意冷的肖邦更为沮丧。1849年，肖邦在巴黎与世长辞。一年后，家乡来人为他的纪念碑揭幕时，在他的坟前洒上了波兰的泥土。

肖邦作品以钢琴协奏曲和钢琴独奏曲为主，包括55首马祖卡、13首波罗乃兹、24首前奏曲、27首练习曲、19首夜曲、4首叙事曲和4首诙谐曲。他从未创作过歌剧，这使他早年的导师和一些挚友包括密茨凯维奇感到遗憾。但他极其细腻的想象力和精益求精的技巧，特别是他窥视心灵奥秘的睿智以及洞察钢琴神奇音响的能力，使他进入不朽的音乐大师之列。他的音乐虽是浪漫的，但却没有一般浪漫派的那些相沿成习的花饰。他的音乐具有一种典雅的纯洁和明智的灵动。

肖邦之后，波兰还诞生过不少优秀的音乐家，主要有波兰歌剧之父斯坦尼斯拉夫·莫纽什科（Stanisław Moniuszko）、小提琴家亨·维尼亚夫斯基（Henryk Wieniawski）、钢琴家依·帕德莱夫斯基（Ignacy Paderewski），以及许多现代的交响乐创作家。

爵士乐在二战前后极为流行。如今，在华沙和弗洛茨瓦夫市（Wrocław）每年都举行爵士乐音乐节。波兰的民间音乐每个地区都有所不同，其中以塔特拉山区最具特色。民间音乐伴之以多姿多彩的民族舞蹈让人如痴如醉。肖邦等许多大音乐家都非常注意从民间音乐中汲取营养，启发创作灵感。

三　波兰艺术流派多样

波兰早期艺术内容多与基督教相关。以雕塑艺术形式为例，其多见于教堂建筑中，也有许多雕塑用于装饰陵墓。最有代表性的是12世纪的格涅兹诺教堂的青铜门浮雕。此外，在伏·雅盖沃的陵墓中也有一系列高浮雕人像，形象生动，流露出世俗的情感，艺术特色鲜明。

15世纪以后,受文艺复兴的影响,雕塑和绘画都有较大发展。克拉科夫的瓦维尔王宫(1516~1536)就是一件文艺复兴时期的艺术品。它外表庄严、雄伟,内部华丽,院内有轻巧的连环拱廊,在使节大厅里有镶有彩色木雕的天花板,上面共有194个木雕头像。文艺复兴时代最著名的雕塑家斯特沃什的杰作是《圣母礼拜堂祭坛彩色木雕》(1477~1489)。这些雕像活泼生动,带有世俗情趣和人文主义色彩。此时的绘画更为世俗化,最为著名的是克拉科夫画派。他们的作品人物形象生动质朴,常在人物的背后衬托典型的波兰风景。

17至18世纪,受巴洛克风格的影响,肖像画比较突出,著名画家有特雷特科(Trytko)、库哈尔斯基(Kucharski)、沃伊尼亚科夫斯基(Woźniakowski)等。18世纪末至19世纪初,新古典主义兴起,两位画家兼艺术教育家斯穆格莱维奇(Smuglewicz)和诺尔布林(Norblin)为培育新一代画家做出了贡献。

19世纪上半期,浪漫主义美术学派的主要代表人物是米哈沃夫斯基(Michałowski)。他的军事题材画、肖像画洋溢着爱国的激情,具有鲜明的现实主义倾向。此时的艺术家们还把目光投向生活底层,譬如皮瓦尔斯基的《华沙附近小酒店》和彭恰尔斯基的《赌徒》等都是一些真实反映现实生活的优秀风俗画。另外,这一时期描绘先进思想人物的肖像画也很突出,例如万科维奇(Wańkowicz)的《密茨凯维奇肖像》。19世纪末,宣扬爱国主义思想的历史画、肖像画和揭露黑暗现实的风俗画得到了发展。著名画家有罗达科夫斯基(Rodakowski)、盖雷姆斯基兄弟(Gierymski)、马泰伊科(Matejko)等。

20世纪初以来,虽然波兰许多艺术家受西方现代派的影响较大,但也有不少艺术家坚持了现实主义道路,例如科瓦尔斯基(Kowalski)。他的《无产者》(1948)生动地描绘了工人运动领袖的形象。老画家维斯在《宣言》中也成功地刻画了现代工人阶级的形象。版画界代表人物是库利塞维奇。现在波兰的大型雕塑也很出色,代表人物是杜尼科夫斯基(Dunikowski)。而泽姆拉(Zemla)创作的《西里西亚纺织工人起义纪念碑》(1967)气魄宏大,构图新颖,富有动态与节奏感。

四　波兰宗教信仰自由

波兰是一个信仰自由和多种宗教并存的国家。全国有 50 多个教会组织和宗教团体，其中罗马天主教影响最大，信徒逾 3400 万，约占总人口的 90%；东正教居第二，信徒 50 多万，约占总人口的 1.3%。此外，还有少数新教、犹太教、伊斯兰教和佛教徒，但影响和信徒规模都较小。

在波兰中南部的琴斯托霍瓦市（Częstochowa）的亚斯纳古拉修道院里藏有珍贵的壁画。特别是著名绘画《琴斯托霍瓦的圣母》，使该修道院成为天主教的圣地之一，吸引了大量波兰境内外的信徒前来朝拜。每年 8 月 15 日是最重要的朝圣日，修道院外的大草坪上会聚集几十万朝拜者。

教皇约翰·保罗二世是令波兰人民普遍感到骄傲的宗教领袖。他原名卡罗尔·沃伊蒂瓦（Karol Wojtyła），1920 年 5 月 18 日出生于克拉科夫市附近的瓦多维茨市。1978 年 10 月 16 日当选罗马天主教廷第 264 任教皇，成为 456 年来第一位非意大利籍教皇。他曾在克拉科夫亚盖沃大学攻读波兰文学专业，因二战而辍学，后在化工厂工作。1942 年决心献身为司铎，隐身于克拉科夫大主教宫中。1946 年 11 月 1 日，他先在罗马安杰利克大学学习，获伦理学博士学位，后在卢布林宗教大学进修。其后在卢布林和克拉科夫大学任哲学教授，转任克拉科夫助理主教、大主教、枢机主教。同时，他还精通波、意、英、法、德、西、葡等多种语言，任教皇后广泛访问世界各地，主张发展中国家应当享受民主和经济公平。他于 1981 年 5 月 13 日遭遇阴谋暗杀，致重伤。他曾公开支持波兰团结工会。然而，他在社会问题上较为保守，主张禁止人工流产，禁止使用避孕药物及器皿，禁止离婚，不许修女和司铎担任政治职务，不许妇女任司铎等。

五　波兰文化节庆丰富

波兰人热爱生活，重视传统，特别喜欢过节，尤其热衷于发起和组织一些国际活动。据不完全统计，一年之中名目繁多的宗教、民俗或艺术庆祝活动有近 50 项，按月份排列如下。

1 月：1 月 1 日是公众节假日，又被称为圣西尔维斯特日（Saint Sylvester's Day），会举办包括波罗乃兹舞蹈节、库利格雪橇派对、烟火及音乐会等在内的庆祝新年元旦的狂欢活动；中旬在拉科夫东正教教堂举行宗教音乐节。

2 月：2 月 2 日，波兰各天主教教堂举行圣玛利亚烛光节；复活节前有四旬斋，斋前全国各地都要举行狂欢节。

3 月：卡利什会举办国际舞蹈节，克拉科夫举行国际戏剧巡演节；3 月 21 日全国大部分地区有过送寒节的传统，孩子们向河里丢玩偶，寓意送走冬天。

4 月：格但斯克举行两年一度的吉他演奏节，波兹南举行儿童电影节，罗兹举行戏剧学校节；最盛大的节日是复活节，时间是从 3 月 21 日算起遇月圆后的第一个星期日，此前一天是圣星期六，人们带着为复活节准备的食物到教堂，请神父喷洒圣水以赐福，复活节餐前用象征新生的蛋向家人献上祝福，节后星期一也是全国公休日，人们互相泼水取乐。

5 月：5 月 1 日波兰庆祝国际劳动节，全国公休；5 月 3 日是波兰宪法日，也是法定国庆节，全国公休；上半月，克拉科夫举行校园歌曲节，兰卡特（Łancut）举行国际室内音乐节；下半月，华沙举行国际图书节，托伦举行戏剧节，弗罗茨瓦夫举行奥德河上爵士音乐节，波兹南举行爵士音乐节，克拉科夫举行电影短片节。

6 月：最重要的节日为基督圣体节，在复活节 60 天后的星期四举行，纪念耶稣基督的身体实际存在于圣体圣事所用的饼和酒中，列队行进是该节日庆祝活动中最突出的特色，游行目的是祈求耶稣复活的躯体人化；6 月 23 日，全国欢度仲夏夜；6 月 29 日为渔民出海朝圣节；月底，奥波莱举行波兰歌曲节，波兹南举行国际戏剧节；月底至 7 月初，华沙举行莫扎特音乐会，克拉科夫举行犹太文化节。

7 月：月初，有电影明星节、北欧海盗节和国际街头戏剧节；月中，有国际风琴节、诗歌朗诵节和学生艺术节；月底，有乡村野餐节。

8 月：月初，有贝斯基德山区文化周和肖邦音乐节；8 月 15 日为圣母升天节；月末，索波特举行国际歌曲节。

9月：月初，斯武普斯克举行波兰钢琴音乐节；月中，有华沙之秋现代音乐节；9月10日前后，琴斯托霍瓦附近举行激光和焰火节；后两周，华沙有科学节，罗兹有杜维姆抒情诗歌朗诵节。

10月：许多城市都举行不同名目的戏剧节，华沙举行电影节、古典音乐节。

11月：11月1日为万圣节，人们为已故亲人扫墓，教堂举办弥撒，超度亡灵；月初，克拉科夫举行国际电影节；11月11日为波兰独立日，全国公休，纪念1918年波兰重获独立；同日，波兹南还会庆祝圣马丁日。

12月：12月25日是一年中最重要的圣诞节，波兰人往往提前半个月就开始准备，各家里里外外都打扫得干干净净，装饰圣诞树，准备由12道菜组成的平安夜晚餐。当夜空中的第一颗星升起时，全家坐在餐桌前，每人拿一块圣诞华夫饼，到其他人面前献上祝福。餐后全家唱圣诞赞美歌。午夜时分，全家到教堂参加圣诞子夜弥撒。波兰的圣诞节正值波兰冰天雪地，日短夜长，故具有最典型的圣诞气氛。

第二章
文化市场发展特点

一 文化创意产业多样化经营，分布高度集中

波兰文化创意产业经营主体涵盖大型跨国企业，大型国企，中型、小型和微型企业以及个体经营商户等。这种多样性也存在于配置工业。从与不同规模的实体合作的创意产业经营阶层的角度来说，多样性是波兰城市经济吸引力的重要元素。从波兰城市创意部门的集中度和特性分析来看，潜在领域对于创意阶层代表具有更大的吸引力。

在创意经济方面，最有吸引力的城市（镇）或城市群是华沙城市群、上西里西亚的大都市地区，连同克拉科夫和波兹南城市群，其次是弗罗茨瓦夫市区、罗兹和比得哥什。这些城市群和城市（镇）的创意产业都具有分布高度集中、规模相对较大的特点。

从创意产业的具体行业分析来看，在主要城市，创意产业主要集中在广告业、编程、网页设计、广播和电视业。而文化机构和文化教育机构均匀地遍布全国各地。由此可以得出结论，一个城市的创意产业，包括内容、商品和服务在其他地区也同样存在。从这个意义上说，大城市地区在文化创意和生活方式方面发挥着重要作用。

二 重点文化行业发展迅速

（一）展览艺术行业发展水平显著提升

2018年波兰共有948家博物馆（包括分支机构），其中81.6%位于城市。大多数博物馆及其分支机构都位于马佐夫舍省（Mazowieckie）和小波兰省（Małopolskie），数量分别为136个和132个。大波兰省也有93个博物馆。在过去的十年间（2009~2018年），博物馆的数量和参观人数都有了显著的增长。2018年，波兰博物馆的参观人数达到了3810万人次，与2017

年（3750万人次）相比增长了1.6%。通过学校组织的参观人数占所有参观人数的13.6%。有1500万人免费参观了博物馆。2018年，在波兰所有的博物馆中，最受欢迎的博物馆分别是艺术博物馆和历史博物馆，全年参观人数共有1770万人次。

波兰2018年共有325家美术馆。波兰的美术馆俨然成为一种城市现象，其中82家位于华沙和克拉科夫。2007~2016年，波兰美术馆以及参观者的数量都显示逐渐上升的趋势。但2017年，美术馆的参观人数出现了下滑，比2016年减少了66.9%。另外，2017年波兰的美术馆共举办了4200场展览，同比减少了4.9%。波兰的美术馆分为公共美术馆和私营美术馆，尽管两者在数量上大致相等，但公共美术馆在展览会、教育活动和出版活动方面举办得更多，游客参观公共美术馆的次数也更多。2018年公共美术馆的参观者数量达到了4500万人次（同比增长了3.2%），共举办了3900场展览（同比下降了8.2%）。

（二）演艺行业全民参与度不断提升

2018年波兰共有189家剧院和音乐机构开展了舞台演出活动。剧院和音乐机构大厅的座位数共有98000个，同比增长3.4%。2018年，剧院和音乐机构共组织了69000场演出和音乐会，同比增长5.6%。2018年波兰的戏剧、木偶剧和音乐剧举行了847场首映式，同比增长11.4%。与2017年相比，舞台机构的表演人数为1490万人次，同比增加了12.3%。2018年波兰每1000人中观看或者收听演出的有472人，平均每1000人中有216人出席了演出活动。由专业企业（机构）组织的娱乐活动的数量（包括户外活动）共计3300次，与2017年相比提升了5.2%，但观众减少了39%，仅为320万人次。

（三）珠宝首饰行业时尚气息浓厚

波兰的琥珀世界知名，全球范围内消费者都为之青睐。波兰的琥珀产品选取纯粹的天然原料，其设计新颖独特，制作工艺精湛。第26届国际琥珀与珠宝饰品展于2019年3月20日至23日在波兰北部海滨城市格但斯克举行，展会吸引了来自54个国家的470家展商以及6000余名行业观众参展。波罗的海沿岸是世界琥珀的主要产地，格但斯克更有"世界琥珀之都"的美誉，为世界贡献了约70%的琥珀。在格但斯克，每年春季以及秋季都会举办大型国际琥珀博览会。就规模以及专业程度而言，波兰的琥珀展览是目前全球范围内规模最大，专业程度最高的琥珀展览之一。随着中国人成为琥珀消费的主力军，波兰琥珀饰品的设计和制作中也有越来越多的中国元素。

（四）影视业吸引力不断增长

2017年，波兰运营的电影院共计496家，与2016年基本持平。波兰的电影院主要集中在人口众多和经济发达的地区，其中大部分位于马佐夫舍省和西里西亚省。尽管在很长的一段时间内，电影院的数量有所减少，但在此期间进入电影院观影的人数有所增加。

2018年，波兰影院数量有所增长，运营的电影院共有500家。电影院主要位于城市地区（97.0%），已成为波兰人口众多和经济发达地区的典型标志。在过去的两年中，前往电影院的观影人数有所增加。2018年，波兰电影院的观众人数为5930万人次，比上年增长了4.3%。2018年，波兰新发行了384部电影（观众人数为5730万人次）。在2018年新上映的票房最高的前10部电影中，有4部是在波兰制作的。

（五）广播电视用户量增加

波兰的广播和电视企业可分为公共性质和私营性质两类。2017年，波兰共有17个公共区域广播电台和16个电视中心，而在私营广播公司中共有289个广播电台和23家拥有电视许可证的实体。这些许可证是由国家广播理事会向私营实体颁发的，后者可以通过地面发射机传送广播和电视节目。与2016年相比，2017年有线电视用户数量增加了1.3%，达4200万人。

（六）在线广告业份额持续攀升

根据Starcom的数据，波兰广告市场收入在2018年高达95.4亿兹罗提，规模相较于2017年增长了7.8%。在线渠道（互联网及广播）的广告投资增幅大于有线渠道（电视），其中互联网广告发展迅猛，在广告市场中所占份额约为33.7%。与此形成对比的是报纸广告，2018年投资额为1.93亿兹罗提，同比下降了6.6%，是波兰唯一出现下降的广告投放渠道。[①]

（七）游戏行业潜力巨大

据Newzoo预测，2018年东欧区域（包括波兰市场）游戏市场收入将达到39亿美元，近几年平均增幅达9.1%，几乎是西欧市场的两倍。同时据Newzoo的游戏报告预测，2018年波兰游戏市场收入将达到5.46亿美元，波兰游戏开发商的收入将超过3.3亿美元，该预测数据从2016年至2018年已经维持了3年（早在2016年，欧洲游戏开发商联合会预测所有波兰游戏开发商公共以及私人收入约达3亿欧元）。2018年，在华沙证券交易所上市的所有视频游戏生产商的净收入约为7.728亿兹罗提，其中CD Projekt游戏公司的净收入为3.629亿兹罗提。在股票交易所上市的所有29家游戏生产商的净利润在2018年达到1.572亿兹罗提。根据摩根士丹利银行在2019年1月发布的数据，CD Projekt的市场价值为230亿兹罗提，而之后在2019年11月中旬，其市场价值则突破了250亿兹罗提的门槛。

（八）时装设计持续发力

近年来，波兰在时尚领域尤其是时装领域持续发力。波兰有超过5800家皮革公司，约3万家服装公司。波兰制造的服装在欧盟市场占有率为2.9%，在欧洲位列第八。强大的生产力也彰显了波兰在服装出口方面强劲的实力。据统计，2016年波兰的服装出口额较2012年增长超过70%，达440万欧元。波兰服饰的出口热点包括内衣、鞋履和皮草。波兰拥有500家内衣和丝袜生产厂家，出口额达1亿4100万欧元，主要出口国和地区为德国、荷兰、奥地利、斯堪的纳维亚，新兴出口国和地区包括巴西、加拿大、美国、中国香港和澳大利亚。波兰是欧洲排名第四的鞋履生产国，拥

---

① 《2018年波兰广告市场规模增加7.8%》，中华人民共和国商务部网站，http://pl.mofcom.gov.cn/article/jmxw/201904/20190402849457.shtml。

有3000家制鞋厂家，每年产量近4200万双。波兰也是欧洲第四大皮草制造商，其产量占欧洲总产量的11%。毛皮出口额达3.6亿欧元，是世界第6大卖家。①

三 文化基础设施相对健全

根据波兰统计局相关统计，波兰相关文化基础设施主要包括文化中心、文化活动中心、文化场所、俱乐部和社区中心，定义如下：

文化中心（Centres of Culture）是指开展多方向活动的文化机构，构成要素包括发起、鼓励和支持社会团体和当地社区的文化活动，拥有永久性的文化计划，拥有有经验的团队（艺术家、教育家、教育工作者等）以及完善的基础设施（空间及设备）等。文化中心活动的主要内容包括文化教育、艺术教育等。

文化活动中心（Cultural Centres）是指领导多元文化和社会活动的文化机构，位于带有影院、音乐厅等单独的专门建造或改建的建筑物中。有足够的设施及设备，可用于进行专门的文化活动。

文化场所（Cutural Establishments）是指多功能的社会文化机构。机构的作用是围绕一个共同议程，整合自治文化机构和在特定地区从事现有文化活动的其他实体。根据法定实体类型，可以将艺术中心看作是文化活动中心或文化场所。

俱乐部（Clubs）是指与相关文化机构、社会和政治组织及协会合作，在当地社区运营的文化机构。它们有一个或多个房间，有足够的设备（视听设备、电视、媒体设备等）。俱乐部每天开放，是组织文化娱乐和社区活动的地方。俱乐部的活动通常由公众与俱乐部经理共同组织进行。

社区中心（Community Centres）是指通常只有一个固定空间，配备必要的设备，并只有一小部分当地社区参与的文化机构。通常由地方领导人和中心经理共同管理。如果社区中心实体不组织文化活动，并且其

---

① 《波兰时装产业发布会GATTA, KUKUKID品牌受邀亮相》，新浪网，http://k.sina.com.cn/article_3164957712_bca56c10020008is1.html。

场所用于其他目的，如组织会议、专业课程培训等，则通常被称为"公共空间"。

2016年，波兰文化中心、文化活动中心、文化场所、俱乐部和社区中心共使用4900个建筑物/场所，其中58.1%的是独立建筑物。每个建筑物/场所的平均建筑面积为642m²。52.1%的机构内有剧院大厅，共配备有393000个座位。多达1700个剧院大厅配备了音乐会和剧院基础设施，有1200个大厅配备了会议基础设施，600个大厅带有数字或模拟电影设施。此外，在文化中心、文化活动中心、文化场所、俱乐部和社区中心中，共有8100个专业工作坊，主要用于芭蕾舞等众多舞蹈、音乐及其他艺术活动（共计5300个），这些工作坊分别对应机构组织中最受欢迎的团体、俱乐部、联合会和艺术团体类型。80.4%的机构提供宽带互联网服务，70.9%的机构提供免费上网服务。文化中心、文化活动中心、文化场所、俱乐部和社区中心使用的建筑物/场所中，近半数（约47.9%）也适用于残障人士，但更多的情况是建筑物入口有无障碍通道，内部则缺乏相关配套设施。此外，一些建筑物/场所（1.9%）为视障人士提供了便利，其可通过语音描述了解信息。

波兰国家档案馆还会向社会各界提供访问途径。档案以两种方式向公众公开：直接方式，允许所有有意向的用户对档案资料进行现场研究，并不收取任何费用；间接方式，以收费服务的形式，允许用户以个人名义对档案资料进行信息检索与记录，或复制特定的档案。波兰国家档案馆是公众信托机构，因此也有权发布文书档案认证的正本与副本。

四 文化活动丰富，群众参与度高

波兰文化中心、文化活动中心、文化场所、俱乐部和社区中心是向所有波兰人提供综合文化活动的实体。2016年所有机构共组织了285400个项目，吸引了3650万参与者，其中文化场所负责的项目（41.0%）及其参与人数（45.9%）占比最高（见图2-1）。

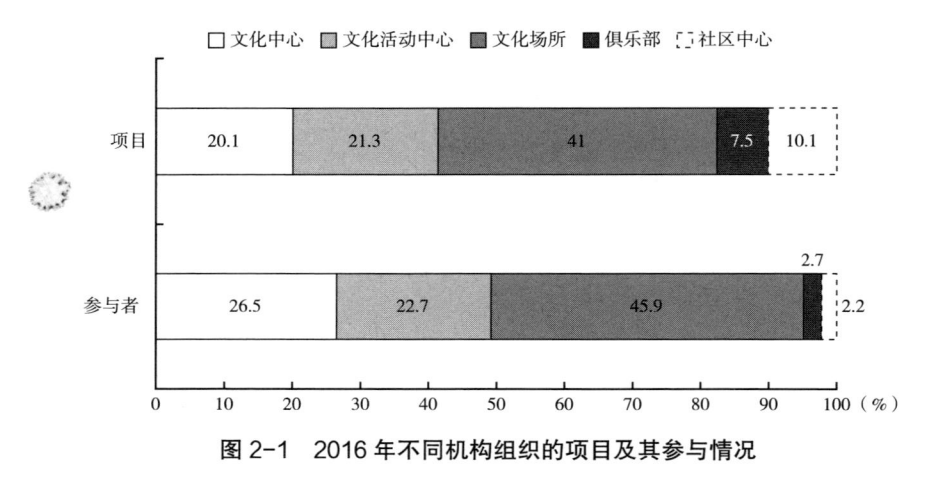

	文化中心	文化活动中心	文化场所	俱乐部	社区中心
项目	20.1	21.3	41	7.5	10.1
参与者	26.5	22.7	45.9	2.7	2.2

图 2-1　2016 年不同机构组织的项目及其参与情况

资料来源：波兰统计局（Statistics Poland）相关数据。

2016 年，所有文化相关实体共组织了 236400 次活动，其中 1/4 的活动是由两个机构合办的。最受欢迎的文化活动形式是作坊（36400 次）、会议、讲座（35400 次）和音乐会（33800 次）。在城市地区，音乐会是被组织最频繁的一类活动，而在农村地区，旅游、体育及其他娱乐活动是最普遍的。共有 3550 万人参加了各类活动，其中参加音乐会的人数最多（1190 万人）（见图 2-2）。从活动组织方的角度来看，最活跃的机构是文化中心——每个机构平均每年组织 128 次活动，而最不活跃的是社区中心——每个机构平均每年只组织 19 次活动。平均每个机构组织活动比例最高的省份是卢布斯卡省（Lubuskie）（每年 85 次）和马佐夫舍省（81 次），而比例最低的省份是喀尔巴阡山省（Podkarpackie）（32 次）和奥波莱省（Opolskie）（36 次）。

2016 年，文化中心、文化活动中心、文化场所、俱乐部和社区中心成立的各类团体及联合会共有 522600 名会员。除此以外，还有 17200 个艺术团体，共有 291300 名会员。艺术/技术团体是最常见的组织形式（21.4%）。老年人和大学生俱乐部也非常受欢迎，占所有组织总数的 7.9%，其会员人数占所有社团、俱乐部和兴趣小组会员总数的 20.0%。每个老年人或大学生俱乐部平均有 53 人参加，参与人数是艺术及手工艺团体的3倍以上，也是普通舞蹈团体的2倍以上。在由文化中心、文化活动中心、文化场所、俱乐部和社区中心组织的艺术/技术团体中，数量最多的是舞蹈团体（4800个），迄今为止一直是青年人的领域，90.2%的参与者是在校儿童和青年。在乡村地区的文化机构中，民间团体（传统民间团体，歌舞团体和民间乐队）（1800个）比舞蹈团体（1500个）更普遍。

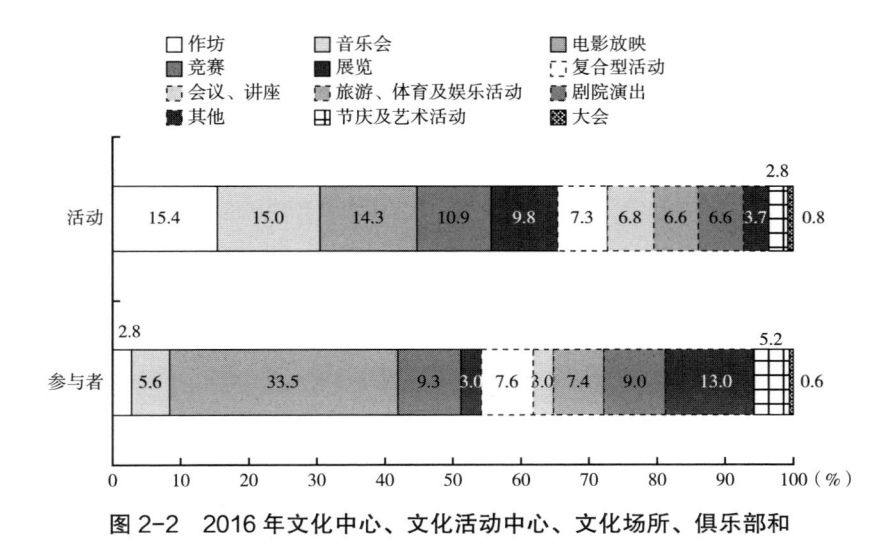

图例		
□ 作坊	▨ 音乐会	▨ 电影放映
▨ 竞赛	■ 展览	▨ 复合型活动
▨ 会议、讲座	▨ 旅游、体育及娱乐活动	▨ 剧院演出
▨ 其他	⊞ 节庆及艺术活动	▨ 大会

活动：15.4 | 15.0 | 14.3 | 10.9 | 9.8 | 7.3 | 6.8 | 6.6 | 6.6 | 3.7 | 2.8 | 0.8

参与者：2.8 | 5.6 | 33.5 | 9.3 | 3.0 | 7.6 | 3.0 | 7.4 | 9.0 | 13.0 | 5.2 | 0.6

图2-2 2016年文化中心、文化活动中心、文化场所、俱乐部和社区中心举行不同类型活动的数量及其参与情况

资料来源：波兰统计局（Statistics Poland）相关数据。

一些文化机构的章程要求之一是开设课程，会员完成课程后会被授予课程结业证书。2016年，在这些课程中28.7%是由文化中心、文化活动中心、文化所场、俱乐部和社区中心组织的。各类文化机构总计组织了约6700个课程，其中一半以上是付费课程（占比61.5%）。最受欢迎的课程是乐器课程（占比22.6%）、外语课程（占比19.3%）和舞蹈课程（占比17.8%），结业人数达110500人。计算机课程通常是60岁以上人群的选择，占此类课程结业人数4700人中的70.8%。在所有其他类型的课程中，在校儿童和青年人数最多，占所有结业总人数的64.0%（见图2-3）。

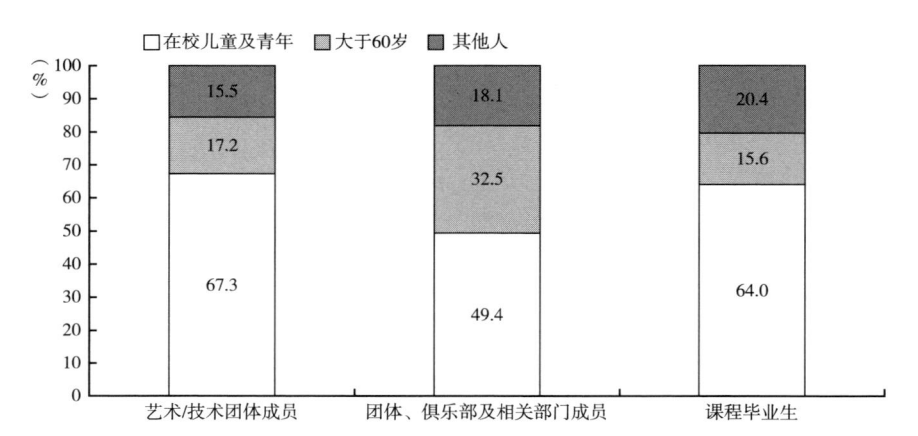

图 2-3　2016 年波兰文化中心、文化活动中心、文化场所、
俱乐部和社区中心活动参与者结构

资料来源：波兰统计局（Statistics Poland）相关数据。

第三章
文化市场主体

一　文化企业发展情况

（一）文化企业现状

2018年，波兰共有11.72万家文化创意企业开展活动，其中，最具代表性的文化领域是广告（2.89万家）、图书与出版（2.7万家）和建筑（1.88万家）。与往年不同的是，广告领域在经营企业数量方面排名第一（之前是图书与出版），与2017年相比，在所有文化领域中它的经营实体数量增长幅度最大（达17.7%）（见图3-1、图3-2）。

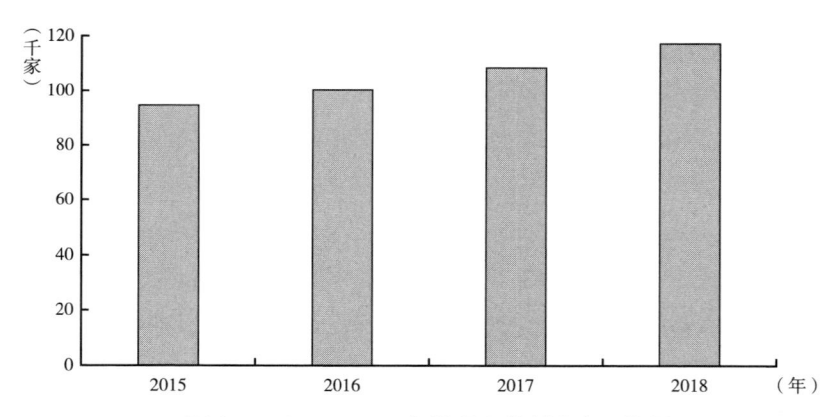

图3-1　2015~2018年波兰文化创意企业数量

资料来源：波兰统计局（Statistics Poland）相关数据。

波兰大多数文化企业实体是以微型企业的形式存在的（占所有分类文化创意产业实体数量的99.0%），共计11.6万家，占所有非金融企业总数的5.6%。其他规模类型文化创意企业在非金融企业类别中所占的份额如下：小型企业占1.9%，中型企业占1.3%，大型企业占1.2%。

第三章 文化市场主体

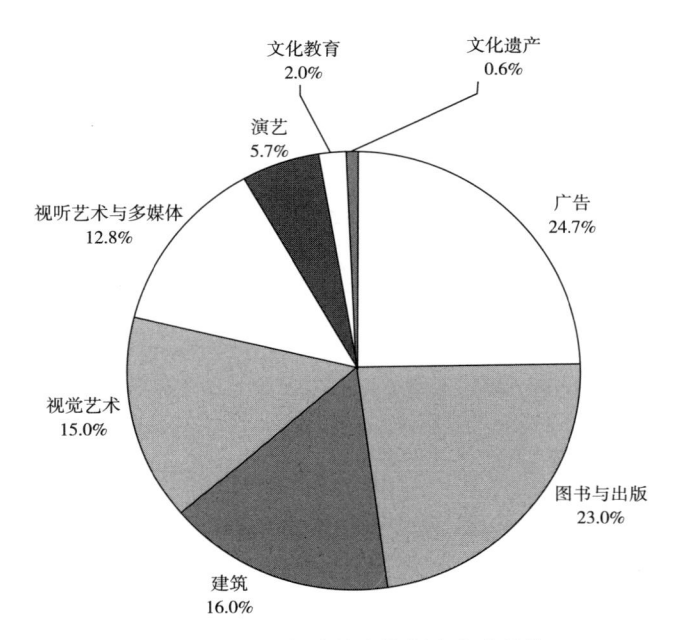

图 3-2 2018 年波兰文化创意企业结构

- 文化教育 2.0%
- 文化遗产 0.6%
- 演艺 5.7%
- 视听艺术与多媒体 12.8%
- 视觉艺术 15.0%
- 建筑 16.0%
- 图书与出版 23.0%
- 广告 24.7%

资料来源：波兰统计局（Statistics Poland）相关数据。

（二）波兰文化企业市场活力日益提升——以 YouTube 为例

可以说波兰文化企业市场活力日益提升，以 YouTube 为例，毫无疑问，YouTube 已经彻底改变了视听内容的创作、传播和消费方式，成为 21 世纪新媒体大背景下最重要的元素之一。在这一背景下，观众可用的内容和选择观看的内容仅取决于观众本身，而不取决于编辑部或制作节目的电视制作人。在这种情况下，每个人可以既是文化的消费者，又是文化的创造者，因为做到这一切，只需要手握手机，接入互联网，拥有创造力。互联网用户的增加、网速的提高、设备价格尤其是智能手机价格的下降，促成了互联网视频产业的极大发展，如今这也被认为是艺术和娱乐产业中前景大好的领域。与其他国家相比，YouTube 的波兰用户更愿意参与其中，也更在意 YouTube 提供的互动机会（见图 3-3）。

- 023 -

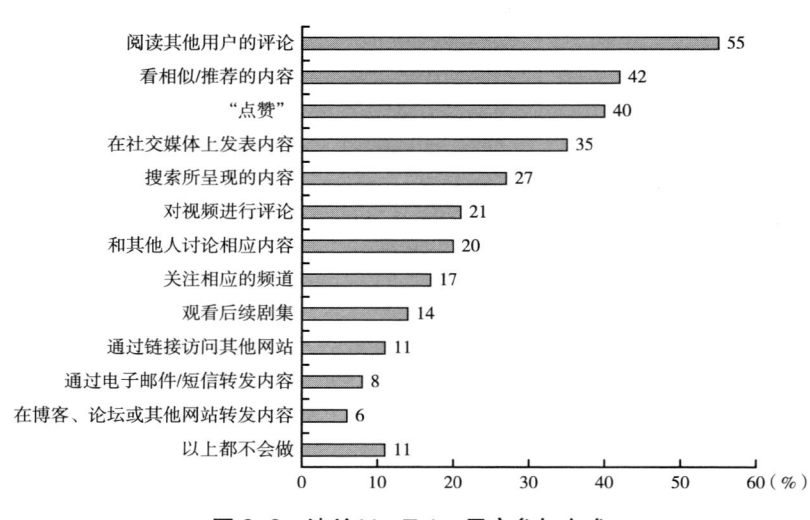

参与方式	百分比
阅读其他用户的评论	55
看相似/推荐的内容	42
"点赞"	40
在社交媒体上发表内容	35
搜索所呈现的内容	27
对视频进行评论	21
和其他人讨论相应内容	20
关注相应的频道	17
观看后续剧集	14
通过链接访问其他网站	11
通过电子邮件/短信转发内容	8
在博客、论坛或其他网站转发内容	6
以上都不会做	11

图 3-3　波兰 YouTube 用户参与方式

资料来源：谷歌 GfK 调查相关数据。

1.YouTube 的波兰用户量大

2007 年，YouTube 的波兰语版本与第一波本地化服务同时启动。自那时起，该应用的人气迅速上升，多年来在最受波兰人欢迎的互联网服务软件中一直居于领先地位，仅次于谷歌浏览器和新媒体平台脸谱网（Facebook）（见图 3-4）。目前，波兰是 YouTube 在中东欧最大的市场，因为波兰用户使用该软件的时间几乎等于这一地区其他国家用户使用时间的总和。根据 Gmius 的数据，YouTube 在所有波兰网民中的累计覆盖率接近 72%，即在波兰 2640 万网民中，有 1900 万人使用 YouTube。其中，1360 万人使用了手机应用，这证明手机视频越来越重要。尤其是由于手机网络的便捷性，手机视频变得更受欢迎。

人们普遍认为互联网特别是 YouTube 之类的网站大多是年轻人的领域，因为他们更擅长和数字科技打交道。但经验数据仅部分支持这一理论，因为用户群的占比确实随着年龄的上升而下降，只是相关程度相对较低。尽管通常来说，出现在 YouTube 上的大多是年轻人，但毫不夸张地说，所有年龄段的人都能在 YouTube 上找到合适自己的内容，这也证明了 YouTube 的多样性，即使在 55 岁及以上人群中，用户数量的占比也达到了 14.5%（见图 3-5）。

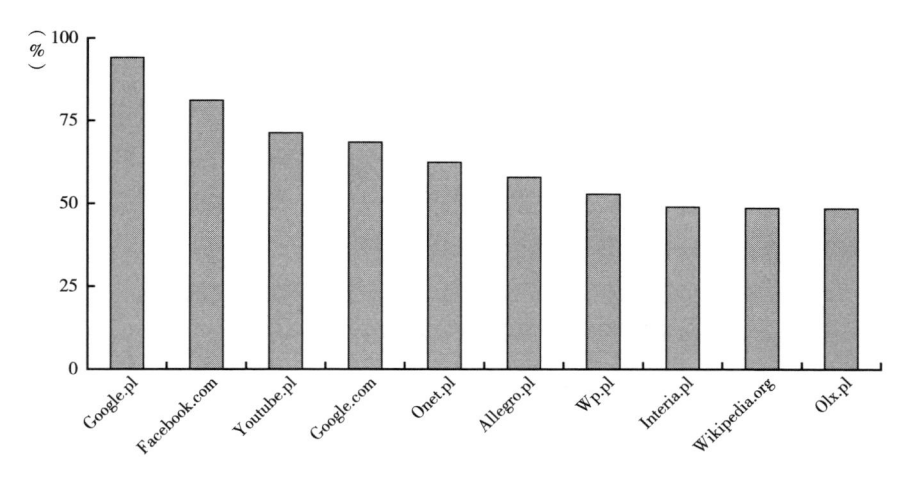

图 3-4　波兰网站的访问范围

资料来源：2017 年 8 月 PBI/Gmius 调查相关数据。

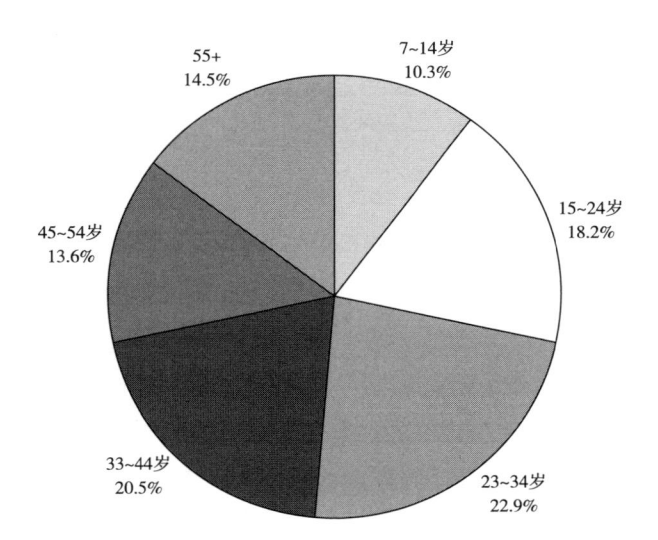

图 3-5　YouTube 波兰用户年龄分布情况

资料来源：2017 年 8 月 PBI/Gmius 调查相关数据。

波兰 YouTube 用户的高参与度是一大特点，他们会对电影作在线热烈的评论和评分。他们也是相当忠实的频道关注者，就每位公民的频道订阅数量而言，波兰在人口相当的国家中脱颖而出。2017 年，多达 43 个波兰频道的订阅数量超过 100 万。这一数字凸显了热门频道数量迅速上升的趋势，在 2016 年底，只有 25 个这样的频道。其中，最受欢迎的频道甚至已经超过或即将超过 300 万订阅量这一门槛，如 SA Wardega、Blowek、Abstrachuje PL 和 ReZigiusz（见图 3-6）。在这方面，波兰明显超过了西班牙和意大利等国家。

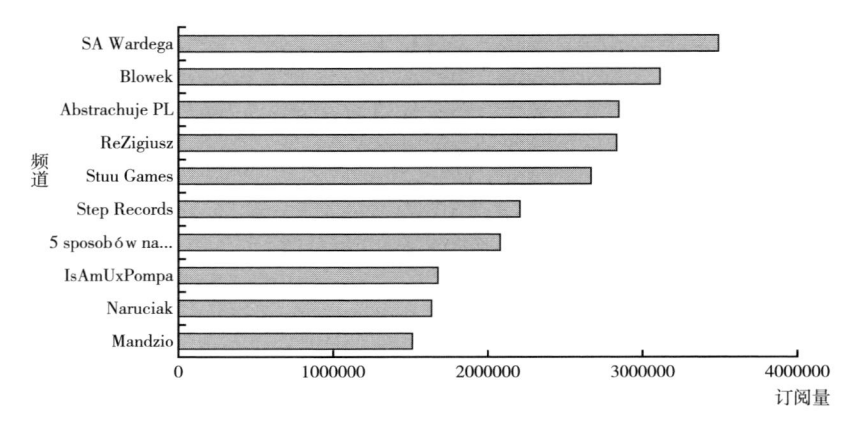

图 3-6　2016 年最受波兰人欢迎的排名前 10 位的 YouTube 频道的订阅量

资料来源：Vstars 排行榜，http://ranking.vstars.pl/?sort=totalUploadViews。

2.YouTube 逐渐成为内容创作平台

YouTube 提供了比任何其他渠道（例如电视或视频点播服务）都更为广泛的内容目录（包括音乐、娱乐、生活、资讯、新闻等体裁）。一方面，YouTube 中有传统媒体发布的素材，如音乐或视听视频（音乐视频、音乐会）、专题或纪录片、电视节目、喜剧小品、体育赛事报道（或精彩瞬间）、信息材料、新闻或外语学习与教学视频等。另一方面，YouTube 让每个人都能接触到这样一个免费开放的平台，从而可以促使人们开发出各类新的素材和模式，这些新素材和新模式都是互联网所特有的。用户在这里谈论诸如视频博客（vlog）、电脑游戏设置、业余教程（从弹吉他、铺瓷砖到在家建造高空气球）、时尚和美容、新品拆箱（包括新品的拆封、测试和评论）、艺术、迅速流行的健身和体育活动，以及许多其他的现象和话题。对于创作者而言，这给他们提供了前所未有的表达自我和寻找自己观众的机会。

通过分析最受用户欢迎的频道和用户观看特定内容类别的次数，YouTube 的重要性显而易见：作为一个开放平台，YouTube 使文化的创作者和消费者能够做出完全自主的选择。通过对这些数据的分析，结论逐渐明朗，即波兰 YouTube 由波兰嘻哈文化主导。波兰独立嘻哈标签占据了音乐类别排行榜前十名中的两个领先位置和另外两个位置。这四个音乐标签在 YouTube 上的观看总量已经超过了 47 亿次，这也从侧面反映了波兰的广播或电视台以传播西方大型音乐品牌推广的流行音乐为主，缺乏嘻哈类音乐。小众的力量为推广嘻哈音乐找到了一条途径，即通过 YouTube 找到听众。此外，一些流派标签和艺术家也掌握了与粉丝建立关系的渠道，并通过广告效应，销售诸如配饰和服装等产品，将其知名度转化为现实收入。

Disco polo 是另一种起源于波兰的音乐类型，它不属于主流音乐，却可以在 YouTube 上盛行并取得成功。长期以来，它被排除在官方的文化传播主流之外，但通过公共互联网平台渡过了难关并重新取得了它应有的地位。虽然就观看总量而言，Disco polo 落后于嘻哈音乐，但观看次数最多的音乐录影带属于 Disco polo 风格。由 Akcent 乐队创作的著名的热门歌曲 *Twoje oczy zielone* 排在 SA Wardega 的 *Dog-spider* 之后，拥有 1.32 亿次播放量，是波兰 YouTube 观看次数第二多的视频。

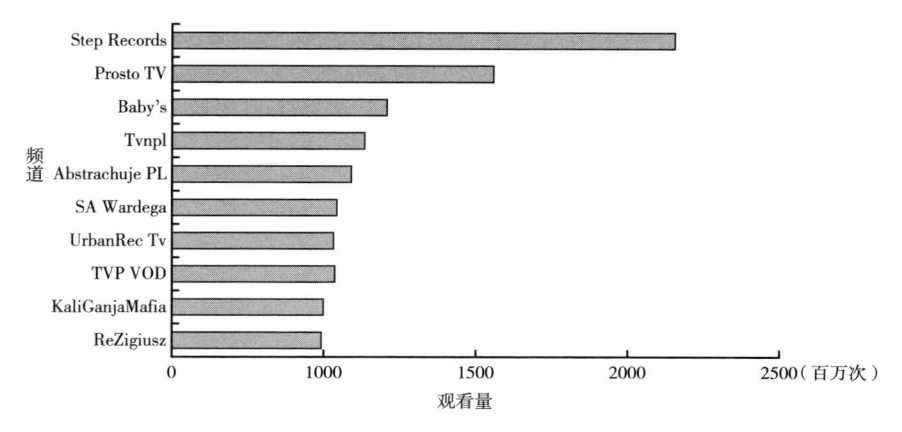

图 3-7 2016 年最受波兰人欢迎的排名前 10 位的 YouTube 频道的观看量

资料来源：Vstars 排行榜 .http://ranking.vstars.pl/?sort=totalUploadViews。

令人惊讶的是传统电视台如 TVN 或 Telewizja Polska 依然拥有极高的地位，因为它们有自己的专用广播平台，而这似乎与 YouTube 形成了自然竞争的关系。然而，YouTube 所覆盖的范围和普遍特性似乎表明它是对广播公司的重要补充，同时，YouTube 对文化传播也起到了促进作用，但它并不直接替代专用频道进行内容分发。

游戏频道也很受欢迎。波兰网民喜欢观看 Blowek、ReZigiusz 和 Stuu Games 等频道的专业玩家玩游戏。每个频道都聚集了近 300 万用户。在这一类别中位居前列的 YouTube 创作者不仅通过播放游戏视频来增加人气，还利用测试和推荐应用程序以及组织问答会议来扩大服务范围。

无论对某些音乐类型的评估结果如何，都需要强调的是，目前 YouTube 和类似的开放平台构成了更加重要的文化元素。广泛普及且价格低廉的音像处理设备让更多人乐于向全世界分享他们的创意和热情。对于他们中的许多人而言，YouTube 变成了一种生活方式，因此他们从颇有抱负的业余爱好者转变为专业创作者，甚至成为名人，尤其是在年轻的观众中。在 YouTube 上获得的成功也可成为通向主流媒体从业者的阶梯。

除了创作者自身的才华和毅力，观众的选择也影响了谁能在互联网上取得成功。在法律界限和使用条款范围内，每个人都可以平等而不受限制地访问这些频道。网络视频平台还为来自世界各地的创作者提供即时访问，只要创作者本人不另行决定，其发布的素材就可以传播于世界各地。不过，尽管有这样的选择自由，但波兰用户更喜欢波兰创作者创作的内容，比如上文提到的嘻哈音乐和 Disco polo。更多主流艺人，如西尔维娅（Sylwia Grzeszczak，2016 年 YouTube 最热单曲演唱者），也通过 YouTube 与世界巨星竞争，以此来吸引观众。这一结果，并不是 YouTube 通过特意推广波兰创作者作品，或为其设置预留时间等的约束条件促成的，而是由用户自身促成的，他们做出抉择，共同塑造波兰文化。

目前能够观察到两个必将加快的趋势，一是创作者与接收者之间的界限逐渐模糊，二是文化民主化程度逐步提高。一方面，文化将分裂为定位准确的小众文化，另一方面，不同文化也会围绕共同主题加以整合。在这种情况下，YouTube 将始终如一地鼓励合作，在由创作者和观众共同组成的群体内始终如一地促进多元融合。而这也将确保以消费者自由选择为主旨的 YouTube 平台在全球范围内取得长期成功。

二 文化机构是培养大众文化需求的主要场所

文化机构是波兰文化市场的重要参与者，其分布在乡村的数量多于城市——2016年，波兰共有4204个文化中心、文化活动中心、文化场所、俱乐部和社区中心，其中城市有1449个，农村有2705个。数量占比最高的是社区中心（33.9%）和文化中心（33.3%），而占比最低的是俱乐部（7.8%）和文化活动中心（9.2%）。文化中心、文化活动中心、文化场所、俱乐部和社区中心主要由公共机构管理（93.6%），其中90.8%的文化机构由市级地方政府管理。在私营部门，合作机构经营大多数私人文化机构，约占95.5%，主要以俱乐部形式出现。几乎所有的私人文化机构（98.5%）都位于城市。同时，农村地区有68.8%的文化机构是由公共机构管理的，其中一半是社区中心。

2016年，波兰平均每9100人拥有一个文化机构，平均每个机构人数最多的省份是马佐夫舍省（18700人），最少的分别是奥波莱省（4600人）和扎霍迪尼奥－波莫斯基省（4800人）。2016年波兰全国各文化机构成立的各类团体、俱乐部和联合会共有522600名会员，而艺术/技术团体有17200个，共有291300名成员。

大多数文化机构（64.3%）位于农村，而农村文化机构中大多为社区中心（94.7%）和文化场所（60.5%）。同时，文化场所、文化中心和俱乐部在城市普遍存在——这些机构在城市地区运作的比例分别为75.2%、59.7%和59.2%（见图3-8）。这些文化机构分布数量最多的省份为小波兰省（449个）、波德卡尔布莱省（372个）、斯拉夫省（368个）和扎霍迪尼奥－波莫斯基省（358个）。分布数量最少的为卢布斯省（81个）和圣十字省（121个）。

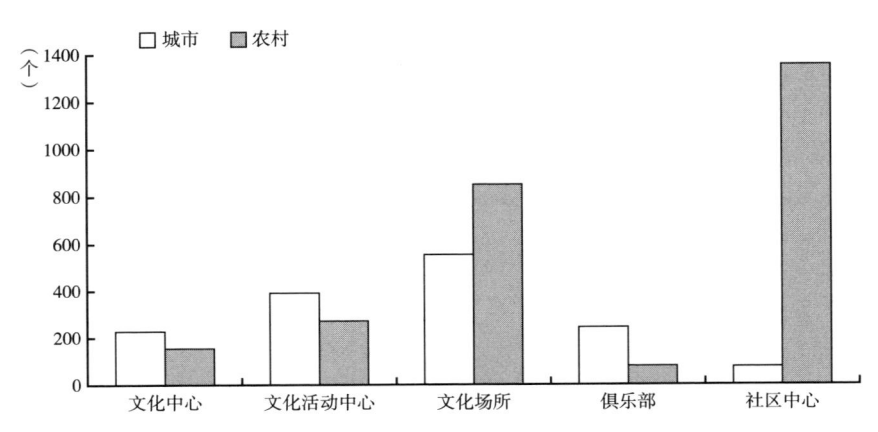

图 3-8 2016 年波兰城乡文化中心、文化活动中心、文化场所、
俱乐部和社区中心数量对比情况

注：图中数据统计截至 2016 年 12 月 31 日。
资料来源：波兰统计局（Statistics Poland）相关数据。

三 行业组织在重点行业领域发挥关键作用

(一)电影行业——波兰电影协会

波兰电影协会作为波兰电影行业的发展平台，一方面将政府扶持电影产业发展的资金合理分配到最需要支持的产业环节，另一方面合理配置电影资源，确保各市场主体获得发展所需的信息、资源，为优质电影项目提供保障，推动波兰电影进入国际市场。

波兰电影协会依据 2005 年颁布的《电影拍摄法》运作，旨在推动波兰电影制作的联合融资、电影的发行与传播、电影拍摄技术的全球推广、对新晋电影人的扶持以及对波兰其他电影机构的支持等。电影协会受波兰文化和国家遗产部管辖，委员会由演员、广播员、电影制片人、电影院所有者、发行商、有线电视与数字内容平台运营商以及摄影工会的代表组成。委员会的主要职能是起草并发布行动方案、财务计划和协会的年度报告，同时承接业务项目。协会收入主要来自电视广播公司、数字平台和有限网络的资助以及将收入的 1.5% 给协会的影院所有者和电影发行商。协会的其他收入来源还包括文化基金款项的推广、版权属于协会的电影的商业开发收入和来自国家财政预算的直接补贴。

(二)艺术教育——波兰艺术教育中心

波兰艺术教育中心是一个特别监督部门,文化和国家遗产部通过艺术教育中心监督公立和私立学校及艺术机构的运营。艺术教育中心的校园巡视员承担着监督员的职责。

艺术教育中心还为初级和中级音乐学校的师生设立国家咨询点。设立该机构的主要用意在于展示最具创意的乐器训练方法,方便交流经验,为教师提供教学方法上的帮助,并支持有特殊教育需求的天才学生的教育。为了帮助艺术学校的师生,艺术教育中心还同时提供专业心理和教育咨询领域的服务,具体包括心理咨询、治疗咨询、心理诊断、集合了心理医生和教育治疗学家的团体、工作室和艺术教育心理方面的培训,还包括研究项目和出版物。

在 2016~2017 学年,艺术教育中心为艺术学校的教师(占比 40.5%)、学生(占比 24.3%)以及他们的父母(占比 35.2%)开展了 375 次心理咨询,召开了 44 次治疗会议,进行了 13 次诊断和心理评价。在一体化和监管方面,艺术教育中心召开了 8 次地区会议,同时,在培训方面,建立了 35 个工作室以及教育工作室。在出版物方面,以下著作通过艺术教育中心平台发布:《艺术学校的发展和阻碍》(CEA 出版社,华沙,2016)、《与艺术学校患有难语症的幼儿交流的心理教育方法》、比辛格·维尔(U. Bissinger-Ćwierz)所著的《器乐教师指导手册:乐器演奏的 50 种训练和游戏》(CEA 出版社,华沙,2016)。

除了以上核心工作,波兰艺术教育中心还撰写了艺术教育发展和阻碍报告,完成了政府多年度计划的数据比较任务。

(三)演艺行业——波兰音乐与舞蹈协会

波兰音乐与舞蹈协会是一家国家文化协会。协会的基本任务是发展波兰的音乐和舞蹈文化。协会为相关从业人员提供住处，拥有自己的艺术家、学院和出版社，以及发放给波兰音乐与舞蹈团体的奖学金。协会还运营几家网站，在其管辖范围内还包括部级的项目。

协会的活动内容大多是关于大众普遍理解的文化教育方面的。这些活动既有独立计划实施的，也有由协会直接实施的，并呈现给广大各年龄段和各社会阶层的观众。音乐与舞蹈协会通过对波兰音乐和舞蹈社团的发展情况进行分析，向文化和国家遗产部提交相关报告和申请，提供专业性意见，进行档案和文件的编辑整理工作，安排调查，努力提升波兰音乐和舞蹈教育的质量，支持现有的文化协会及非政府组织的运作，发起纪念重要历史和音乐舞蹈发展历程的庆祝活动，协调文化协会的工作。音乐与舞蹈协会是国内和国际专业组织之间的信息交流的平台。

（四）游戏行业——波兰游戏协会

波兰游戏协会（Polish Games Association，PGA）的前身是波兰游戏协商会，它是由CD Projekt于2014年与波兰其他几家最大而且最知名的游戏公司，比如Techland、CI Games、11bit工作室一起成立的。这是波兰本地游戏企业研发更高质量游戏的起点，目的是为波兰游戏市场提供更广泛的支持或者帮助。在2015年，波兰游戏协商会转变成为波兰游戏协会，并且做了相应的市场可行性调查，随后向波兰政府申请发起相关基金项目。其成员包含了波兰规模最大及最知名的游戏开发商。该协会也是欧洲游戏开发商联合会的重要组成部分，与波兰政府、企业及相关非营利组织保持紧密联系。主要宗旨是提高波兰游戏开发商在全球市场的竞争力，聚集各大游戏公司的CEO，以作为波兰游戏行业国际代表，协调具体项目的实施。波兰游戏协会与波兰游戏产业联合会共同制定针对初创游戏企业的刺激发展政策，以及针对学生游戏项目共同组织很多游戏沙龙和竞赛。同时和其他游戏开发的非营利组织一起与政府机构合作，从而为波兰未来的游戏产业发展提供良好的环境。

四　学术研究机构指导文化市场的产业实践

（一）图书研究所

图书研究所依托对波兰出版市场的图书形势定期、可靠的评估，针对出版市场和读者市场开展研究，形成年度报告，展示波兰出版业的发展方向与趋势及发展的力度和效果，从而帮助相关研究人员进行图书市场价值的评估。根据图书销售收入显示，近年来，波兰图书市场的价值不断缩水。该报告涵盖了波兰出版实体的数量、根据规模划分的个人出版社所占有的市场份额、市场价值、原作和译作的不同印刷量、书刊总销量、波兰各大出版社的相关资讯、平均书籍价格以及图书发行量等重要指标信息。

作为国家级的文化机构，图书研究所开展了各项工作，以达成既定的宏观目标。其重要目标包括推进波兰文化在海内外的发展，以及更为广泛的目标——提高读者阅读水平。图书研究所还积极支持图书馆和出版商的工作，立足波兰立场，借助其他组织机构，助力波兰书籍在海外的翻译项目，并且帮助准备了许多诸如书展一类的海外文化活动。研究所针对波兰读者情况也进行了广泛研究，结果还是一如既往地令人警醒，因此研究所将下一步的工作重点放在了增加读者人数上。

研究所的工作针对与图书及图书功能相关的所有机构与团体，为在市场中艰难努力生存的图书馆、书店和出版商，以及所有年龄段的读者指明发展方向。图书研究所通过各种精彩的活动帮助波兰读者实现自身的发展，提高人们对于知识、审美和学术价值的认识，也增进人们对于阅读这一认知过程的理解。

（二）文化统计中心

文化统计中心最早是克拉科夫统计局的一个部门，后于 2009 年由波兰统计局设立全国性的机构，以进行文化相关领域的统计分析及相关研究工作。该中心的主要任务是收集、分析和发布有关文化领域实体工作的统计数据。中心对举办常规舞台表演的机构（如剧院、歌剧和轻歌剧院、爱乐乐团、交响乐团和室内乐团、合唱团、歌舞团、娱乐企业等）以及其他从事文化工作的单位，例如博物馆、图书馆（公共、学术、教学和专业）、电影机构和电影院、画廊和展览中心、文化中心、文化活动中心、文化场所、俱乐部和社区中心等进行研究。其研究主要为了收集文化机构和其他附属单位的工作数据，以及让公众使用它们的数据。通过对这些机构进行定期统计研究，可以监测其数量和类型，组织活动的数量，文化活动参与者的数量，从而获取波兰文化领域的基本指标、特征现象和趋势，以及开展文化活动经济方面的情况和文化领域的就业率。这一系统性研究还涵盖了大众娱乐活动和艺术与古董市场。该中心还对波兰文化生态环境进行分析，包括相关文化创意团体（文化机构与文化创意部门）的经济表现、国际货物贸易和文化创意服务以及公共和家庭文化支出的经济表现。最终通过研究成果展示文化部门对国内生产总值的贡献。

五　文化市场就业情况

（一）就业前景乐观

总体而言，波兰文化创意产业大体上处于上升阶段，但从整个欧洲来看，波兰仍然还是个发展中国家。因此，一方面，相比于其他产业，文化创意产业的劳动力所占的份额是相当低的，但另一方面，波兰文化创意产业的就业份额比其他发达国家增长要快。

截至 2018 年 12 月 31 日，波兰从事文化创意产业的就业人员达 24.15 万人（相比 2017 年增加了 1.25 万人），占非金融企业从业人员总数的 2.4%。文化创意产业从业人员中有 70.5% 就职于微型企业，13.4% 就职于大型企业，8.1% 就职于小型企业，8.0% 就职于中型企业。如果考虑平均带薪工作再进行分析，则情况略有不同。微型企业创造了 36.2 万个工作岗位，这表明（在这种规模的企业中有 17.02 万人在工作），大多数从业人员只是兼职或偶尔工作。

无论企业规模大小，属于文化创意产业的企业的特点是每名雇员的月平均工资会高于所有非金融企业。这种趋势已经持续了好几年。2018 年，所有非金融企业中每名员工的月均工资为 4816 兹罗提。而在文化创意企业中，每名员工的月均工资为 6029 兹罗提，接近于从事专业性、科学性和技术性等领域工作的非金融企业的员工的工资（见表 3-1）。

表 3-1　2018 年波兰文化创意企业从业情况

分类	从业人员（人）	平均带薪工作（个）	工资总额（千兹罗提）	员工月平均工资（兹罗提）
总计	241542	1020220	7381212	6029
微型企业	170240	362330	1552370	3570
小型企业	19592	176240	1277094	6039
中型企业	19435	179130	1718320	7994
大型企业	32275	302520	2833428	7805

资料来源：波兰统计局（Statistics Poland）相关数据。

2018 年，波兰文化创意微型企业中每名雇员的月平均工资为 3570 兹罗提，而所有非金融微型企业中每名员工的月平均工资为 3093 兹罗提。在其余规模的企业类别中也看到了类似的差异：小型企业为 6039 兹罗提与 4283 兹罗提；中型企业为 7994 兹罗提与 5024 兹罗提；大型企业为 7805 兹罗提与 5705 兹罗提。在文化创意企业中，员工工资薪金总额在经营总成本中所占的比例为 9.9%（非金融企业为 8.8%）。

（二）收入有待提升

2018 年，波兰文化创意企业总收入约为 833 亿兹罗提，总成本约为 746 亿兹罗提。由此可看出波兰文化市场总收入对总成本的盈余。2018 年波兰文化创意企业的成本水平指标（总成本与总收入的比率）为 89.6%（比 2017 年高 2.9 个百分点），而所有非金融企业的成本水平指标为 92.7%，由此可看出文化创意企业经营活动的成本较低。每个文化创意企业平均经营成本为 63.67 万兹罗提（非金融企业为 213.66 万兹罗提），而收入为 71.1 万兹罗提（非金融企业为 230.47 万兹罗提）。文化创意企业的总收入和总成本在所有非金融企业的总收入和总成本中所占的比例均不到 2.0%（分别为 1.7% 和 1.6%）。

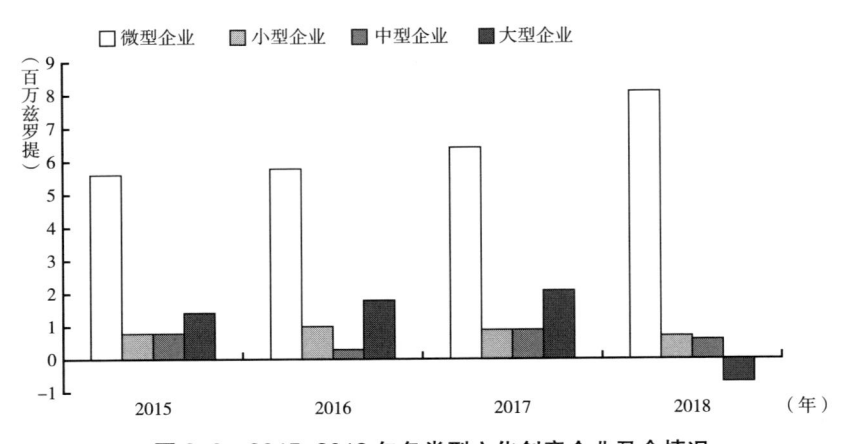

图 3-9　2015~2018 年各类型文化创意企业盈余情况

资料来源：波兰统计局（Statistics Poland）相关数据。

2018 年，波兰文化创意企业创造了 246 亿兹罗提的增加值，占所有非金融企业创造的增加值的 2.1%。按每个企业计算，文化创意企业创造的增加值几乎比所有非金融企业创造的增加值低 3 倍。

第四章 文化市场供给

波兰是众多诺贝尔奖得主、奥斯卡奖和格莱美奖得主的故乡。文化和艺术帮助波兰度过了历史上最糟糕的时刻。近年来，波兰在文化领域形成了多层次、多渠道、多部门、多形式、繁荣稳定的发展局面。波兰相继成立了国家视听研究所、图书协会、兹比格涅夫·拉舍夫斯基戏剧学院、音乐和舞蹈学院、波兰电影学院、肖邦国立研究所等文化相关机构；在广播电视电影、表演艺术、图书出版等文化行业领域，对世界文化的发展起到了不可磨灭的推动作用，并做出了重要贡献。

一 图书出版领域

（一）图书出版领域相关机构

1. 波兰图书协会（The Polish Book Institute）

波兰图书协会是由波兰文化和国家遗产部设立的全国性机构。该协会的基本目标是影响大众阅读，在波兰普及书籍和阅读，并在全世界推广波兰文学。实现这些目标的途径有：推广波兰最好的书籍及其作者，举办教育活动旨在指明定期读书的好处，向国外介绍波兰文学，为翻译工作者安排考察活动，在波兰翻译项目的帮助下，增加波兰图书外文翻译版的数量，使外国消费者能够获得关于波兰图书和波兰出版市场的信息。

此外，波兰图书协会还组织开设文学课程以促进更多波兰书籍出现在国家和国际书展上，并邀请更多波兰作家在文学节日里进行分享，旨在促进波兰文化在世界范围内更好的传播。

2. 波兰翻译项目（Poland Translation Programme）

该项目成立于1999年，以其他国家的类似项目为蓝本。它的目标是通过向外国出版商支付翻译费用增加波兰文学图书的外文翻译版的数量。该项目由克拉科夫图书研究所管理。需要翻译的图书优先考虑属于人文学科范畴的小说和非小说作品。

第四章 文化市场供给

（二）图书出版

图书发行：2014年，五大出版商（新时代、天颐、威科波兰、皮尔森、中欧教育集团）占到了波兰图书出版37%的市场份额。出版社从业人员在2014年达到了5260人。图书批发商在波兰几乎占到了图书出版50%的市场份额。近些年来，批发书店数量不断下降，许多公司遭遇破产，最后只剩下185家企业。主要的连锁书店有EMPIK和马特拉斯。

电子书：2014年，众多波兰出版社扩大了其在数字出版领域的业务范围，形成了销售体系。2014年电子书的营业额达到了5600万兹罗提（上涨16.5%）。政府对在线数字出版物依然征收23%的增值税，尽管波兰政府宣称有望将该标准降至5%，与纸质书持平。然而，目前电子书销售的关键不是售价，从消费者的角度看，而是电子书类型和内容的广泛程度、对读者的吸引力、商店的服务（包括支付系统）等。目前针对该市场，各大出版社仍以扩大销售渠道为主。

有声书：波兰主要的有声书零售平台包括Audioteka.pl、Virtualo.pl、Audiobook.pl和Empik.com。但如何对有声书征收增值税仍然是一大问题，从2011年开始，有声书的增值税为23%，远高于纸质书。直至2009年底，波兰有声书的定价仍保持在平均每本20兹罗提，但在2010年涨至25兹罗提。到2012年底，已经涨至35兹罗提，目前保持在34~35兹罗提。2014年之前，有声书市场出现了一次明显下跌，主要原因是有声书出版商提供的图书品种非常有限。有声书的读者大多以喜爱新技术的年轻人为主，他们对文学也很感兴趣，但有声书目前还无法满足他们的需求。

华沙书展：波兰图书出版界最重要的商业活动就是华沙书展。2015年5月的第六届华沙书展，有来自29个国家的超过860个参展商和近800名作者参展。2018年新春中国主题图书展销活动2月8日在波兰首都华沙约100家书店举行，英文版《习近平谈治国理政》第二卷是本次展销的亮点。本次展销的一系列中国主题图书包括英文版和波兰语版，内容涉及中国政治、文学、历史和文化等。谈及销售中国主题图书的原因时，本次图书展销活动主办方之一，法国拉加代尔集团波兰公司总裁卡茨佩尔斯基表示，除自己对中国文化感兴趣之外，还因为中国图书在波兰热销。他希望通过销售中国图书让波兰人更多地了解中国。

二　电影领域

在电影领域中，波兰电影在世界电影史以及世界电影市场上一直占据着举足轻重的地位。近年来，波兰电影更是频频在世界顶级电影节上获得重要奖项。随着全球电影业国际化程度不断加深，联合出品、国际发行已经成为波兰电影产业最明显的特征。

（一）电影领域相关机构

波兰电影协会（Polish Film Institute，简称 PISF）是欧洲最年轻的电影协会，成立于 2005 年。它与欧洲其他许多国家对电影产业的支持机制类似。

波兰电影协会是波兰国家电影基金的管理机构，每年投资预算近 3400 万欧元（约合 2.7 亿元人民币），主要职责是为波兰电影制作（包括国际合拍）以及电影教育、宣传推广提供全方面的资助和支持。波兰电影协会的运作主要依靠文化和国家遗产部的资助。

2003 年伦敦电影学院理事会通过的一项宣言也明确了波兰电影协会的任务："欧洲国家电影协会的存在是为了支持本国和欧洲的电影文化和产业。它们的角色是帮助那些在电影制作和发行方面需要支持的欧洲国家。"

该协会的主要任务是为波兰电影工业提供一种现代的支持机制——从发展电影项目，到生产、促进和发行波兰和欧洲电影。支持电影从概念到放映，特别强调国际合作。

波兰的电影法也明确规定了电影协会的任务：为波兰电影的制作和国际联合制作创造条件；鼓励和支持波兰所有类型电影的发展，特别是艺术电影，包括发展电影项目和制作、发行这类电影；支持旨在为共同获得波兰、欧洲和世界电影艺术遗产创造条件的活动；支持电影首映和青年电影人的艺术发展；促进波兰电影在国际的推广；资助企业发展电影项目，制作和发行电影，以及向公共行政机关提供协助和专家服务；支持电影档案的保存；支持波兰独立电影的制作和相关企业的发展，特别是在电影行业中经营的小型企业。

（二）电影领域发展概况

随着2005年波兰实施新的电影法规及成立波兰电影协会，波兰电影不仅产量开始迅猛增长，而且质量也有所提高。截至2017年3月，波兰共拥有508家影院，其中多厅影院有125家，艺术影院和地区影院有383家，银幕数量是1338块。2016年，波兰摄制了约40部故事片和数百部纪录片、动画片和短片。自2013年起，波兰每年的合拍片数量都在15部以上，2016年的合拍片数量为20部。从此，波兰电影业逐渐走上了联合制作、国际融资、跨境拍摄的道路。波兰在电影产业领域与很多国家展开合作，如拍摄影片、提供场地等，其拍摄的电影逐渐向国际化、大制作看齐。

中国是波兰文化战略合作伙伴中高度重视的国家之一，随着"一带一路"建设的推进及中国与中东欧国家"17+1"合作的深入发展，中波务实合作加速发展。2017年7月29日，由波兰共和国的文化和国家遗产部副部长保罗·莱万多夫斯基（Pawel Lewandowski）、国家资助司司长马切伊·大德（Maciej Dydo）等8人组成的代表团造访华谊兄弟总部，与华谊兄弟实景娱乐总经理秦开宇及团队，针对实景娱乐全国项目，展开了更进一步"电影IP+文化+旅游"的跨国合作商谈。商谈后，波兰文化和国家遗产部副部长保罗·莱万多夫斯基表示，期待双方能进行更深层面的合作，也希望波兰的文化艺术内涵能成为实景娱乐项目中的国际文化内容之一。

波兰也从电影基金的支持、产业链的建立、法律的保障与支持等方面为推动本国电影业的发展做出了努力。波兰电影业在题材多样化、风格及类型多元化、导演国际化方面也取得了一定的成就。

三 文化场所活跃度不断提升

（一）美术馆

2019年，波兰共有327个美术馆在运营（与2018年相比增加了0.6%），共组织了3900个展览，大约共有450万人次参观，相较于2018年下降了2.8%。大部分展览都是全国性的（占展览总数的87.3%），参观人数占所有参观者的82.3%。大多数美术馆在小波兰省（61个）和马佐夫舍省（53个），两者相加共占全国美术馆总数的34.9%。参观人数最多的美术馆位于马沃波尔斯基省（130万人次）和马佐维奇省（120万人次），两者相加共占全国参观总人数的一半以上（55.6%）。大多数人参观了由公共部门管理的美术馆（88.4%）。参观露天展览的观众人数占总人数的28.8%。平均每个美术馆有1.39万人次参观，平均每场展览有1200人参观。

美术馆中的很大一部分属于公共部门管理（占59.6%），其中大部分美术馆是由自治部门管理的。其余的美术馆归私营部门所有。在属于国家和自治部门的画廊中，占比最大的收藏品种类是绘画领域的收藏（占43.0%）。

（二）博物馆

2019年，波兰共有959家博物馆及分支机构在运营（与2018年相比增长了1.5%），有4160万人次参观（与2018年相比增长了9%）。2019年，波兰博物馆共举办了2700场常规展览和5000场临时展览（包括来自国外的100场展览）。

马佐夫舍省和小波兰省的博物馆数量和参观人数最多。平均每个博物馆的参观人数为1082人。在"博物馆之夜"中，有79.87万人次参观。博物馆数量最多的是公共部门（77.1%）管理的，其中大部分是由自治部门管理的（81.7%）。在私营部门中，自然人管理的博物馆数量最多（38.6%）。波兰博物馆收藏的物品数量达2260万件，其中最大部分来自考古领域（占22.3%）。

（三）剧院及音乐机构

2019年，共有188个剧院和音乐机构进行了舞台表演（比2018年减少了0.5%），共举办了6.95万场演出，吸引了1440万人次的观众（与2018年相比下降了3.6%）。全年共举办了730场首映式。剧院和音乐机构的演出曲目达8.2万个。

拥有剧院和音乐机构数量最多的省份是马佐维奇省（35个），而最少的喀尔巴阡山省（3个）。在全国范围内，剧院和音乐机构在374个舞台上共举办了6.95万场演出/音乐会。2019年，有86.7%的剧院和音乐机构属于公共部门管理，其中92.0%的剧院和音乐机构是由自治单位管理的。平均一场表演/音乐会观众数量达207人。平均而言，一个机构举办了370场演出/音乐会。

第五章
文化市场需求

一 消费者文化需求结构发生转变——以图书市场为例

(一)图书阅读需求正逐年下降

波兰国家图书馆自1992年以来一直针对全国15岁及以上居民定期开展阅读调查。2016年,通过对3149个样本数据分析发现,具有阅读习惯(每年至少读1本书)的居民的占比由2004年的多数(58%)变成了2008年的少数(38%)。阅读频率的下降表明了读者需求的转变。同时,阅读爱好者(每年读7本书及以上)的比重也减少到了原来的一半以上(见图5-1)。

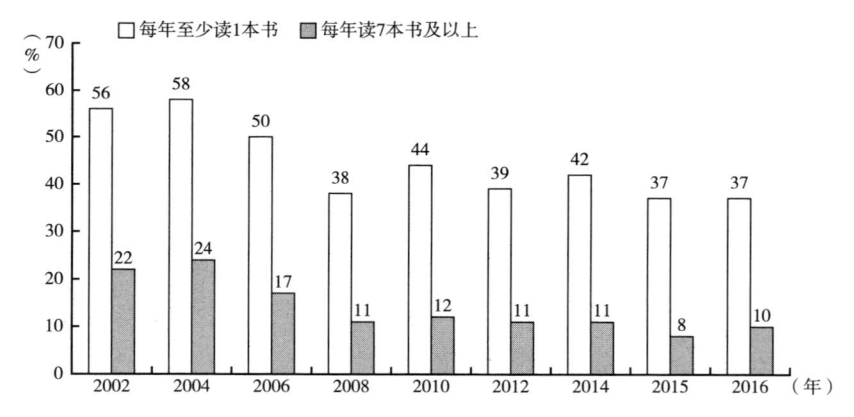

图5-1 2002~2016年波兰不同阅读频率的人群数量占比情况

资料来源:波兰国家图书馆相关数据。

读者数量逐年减少这一现象,与女性相比,在男性群体中更常见;与乡村相比,在城市中更严重;与年长者相比,在年轻人中更严重。这一趋势既体现在高学历人群中,也体现在接受过职业培训的人群中。从长远来看,该现象影响了多个职业群体,包括领导者和专家级别的人员(见图5-2)。

第五章 文化市场需求

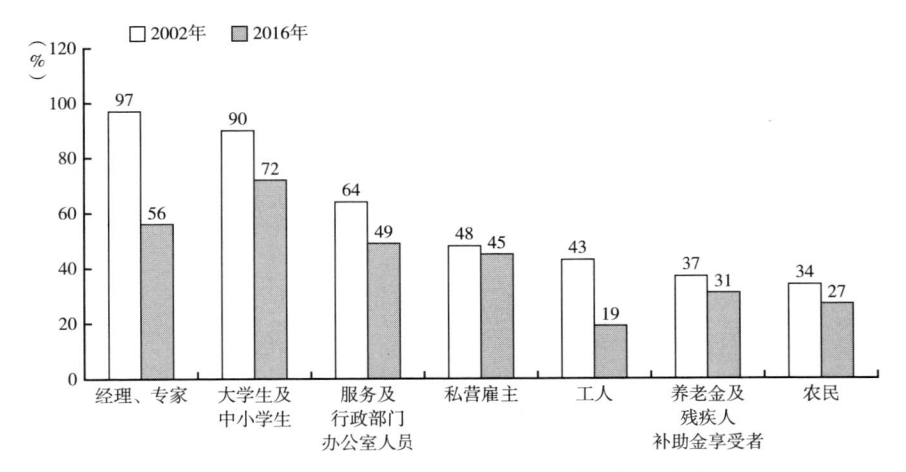

图 5-2　2002 年和 2016 年不同职业群体的阅读情况

资料来源：波兰国家图书馆相关数据。

在波兰阅读的人越来越少，究其原因，除本地的决定性因素之外，还受国际社会转型的影响。似乎在今天，读书不是社会声望的来源，也不是中上层阶级生活方式的特征属性。书本，作为一件吸引人的物件，其入手的价值正在消退。在波兰，没有藏书或者只藏有一些教科书的家庭越来越多（见图5-3）。波兰人的私人藏书数量很少，其中 64% 的群众收藏有接近 50 本书，只有 2% 的人藏有至少 500 本书。

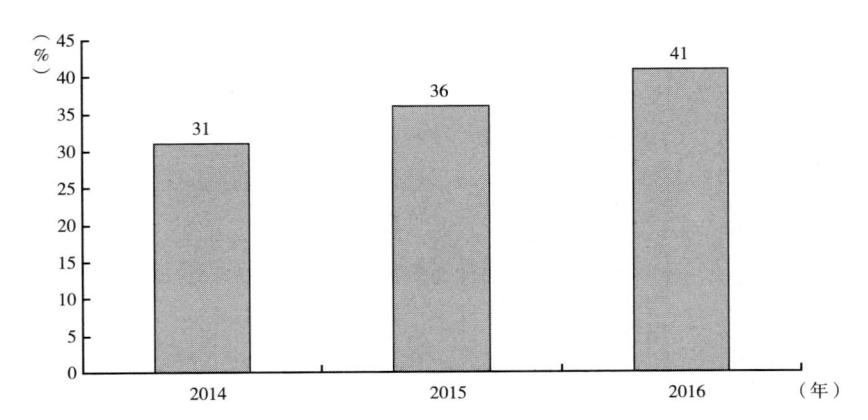

图 5-3　2014~2016 年没有藏书或者只藏有一些教科书的家庭占比情况

资料来源：波兰国家图书馆相关数据。

自 2013 年起，大学生中大学毕业就停止阅读的比例持续走高，在 2016 年达到 63%。人们在采取一种途径阅读时，往往就会自然而然地接触到另一种阅读途径（电子阅读或纸质阅读），这导致了阅读的分化。一方面，有些人会通过各种途径进行阅读，从而成为综合型读者；而另一方面，有些人根本不阅读。2015 年，第一类人群占比 16%（2012 年占 17%），第二类人群占比 25%（2012 年占 21%）（见图 5-4）。

是	上一年他/她至少阅读了一本书的其中一部分	否
是	上一年他/她至少阅读了一份报纸/杂志期刊	否
是	上一年他/她在网上浏览过新闻	否
是	上一个月他/她至少读了一篇3页长的文本	否

16%　　　　　　　　　　　　　　　　25%

图 5-4　2015 年综合型读者与无阅读习惯者对比情况

资料来源：波兰国家图书馆相关数据。

相关调查显示，2016 年波兰民众读的图书中大部分是从朋友处借来的，或是由朋友赠送的，或是个人购买的，或是个人藏书。图书馆很少作为人们获取图书的来源，包括公共图书馆。在图书供应来源中，下载合法但非正规的互联网资源仍占据着较小的比例（见图 5-5）。

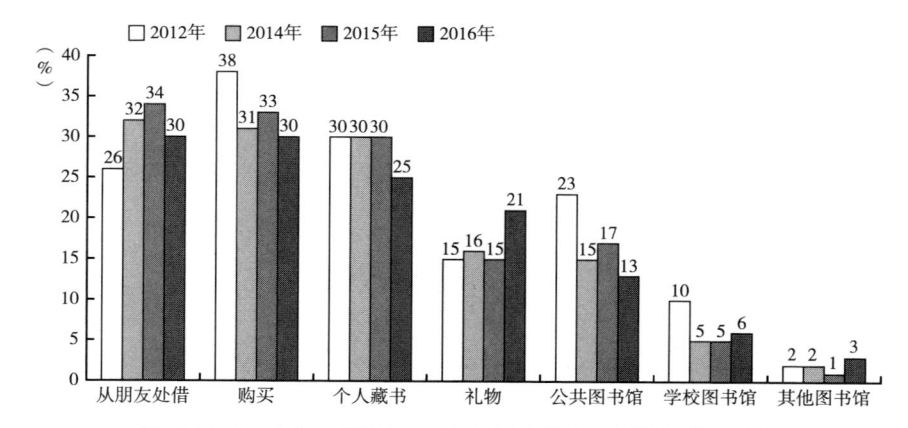

图 5-5　2012 年、2014~2016 年图书获取来源结构分布情况

资料来源：波兰国家图书馆相关数据。

与 2015 年相比，2016 年使用公共图书馆的人数减少了 2 个百分点（从 13% 降至 11%）；公共图书馆借书量的比例也有所下降（从 17% 降至 13%）。就调查对象而言，图书馆主要是借书的场所，但实际上也不仅仅是借书的场所。人们也使用图书馆的各种功能，例如可以享受图书管理员的帮助，参与图书馆组织的文化活动，或在一个安全可靠又免费的地方享受个人时间等。但对某些人来说，免费使用图书馆并不等同于不用付出任何代价。时间是衡量文化便利性最常用的标准。

（二）数字阅读成为新兴的阅读方式

数字阅读方式包含电子书、印刷书籍的扫描版、有声书籍等多种数字化图书。在波兰，合法但非正规的文档下载数量以及下载人数正在稳步上升。2016 年，有 7% 的调查对象表示，他们至少读过一次电子书，差不多同比例的调查对象表示，他们听过一本有声书。每个表示读过电子书或听过有声书籍的人，在接受调查时都只列举数字化图书，这意味着这样的人只参与无纸化阅读。

数字化图书的最大受众是经理和专家等在职业生涯中经常使用电脑、互联网和电子文件的人群。退休人群、领取伤残补助者及家庭主妇等人群，消费电子出版物的数量最少。此外有声书的使用者还包括小学生、不喜欢读书或读书频率较低的人。难于或者不适应独立阅读文学作品的居民往往更倾向于有声读物。

当下波兰传统纸媒的普及性在降低，读者范围在减小。随着时间的变迁，越来越少的人使用纸媒，越来越多的人通过网络媒体及网络信息网站来获取知识和信息。与纸质新闻相比，在波兰网络新闻的阅读频率更高。

（三）波兰民众对图书产品消费偏好各不相同

在波兰，2016 年最受欢迎的作家是亨利克·显克维支。紧随其后的是《五十度灰》的作者 E.L.詹姆斯，还有珀拉·霍金斯。与往年一样，波兰人阅读的书籍的类别主要是大众文学，如惊悚犯罪小说、爱情小说等。改编成电影的小说尤为流行，如前文提到的珀拉·霍金斯所著的《列车上的女孩》。

根据对文学主题阅读偏好的不同，波兰读者可以划分为四类：年轻读者、经典派读者（与波兰经典书籍的传播与普及有关，因为这些经典暂时收录在一组在校学生必读书目的名单上）、特定类型读者（如惊悚犯罪小说、爱情小说的粉丝）以及文学爱好读者。

艺术性高的文学作品，尤其是最新的文学作品的阅读和传播，往往具有精英属性，这需要文化水平较高的人参与其中。而对于这些文学作品，目前教育机构仍未达成一个明确的评定标准。

二 波兰民众历史文化需求偏好各异

波兰国家文化中心的相关调查显示，波兰民众对历史文化中比较感兴趣的是题材是军事和军备、科学发现史和知名历史人物，也有社会史、社会变迁史，但是对于经济史和艺术史感兴趣的人比较少（见图5-6）。

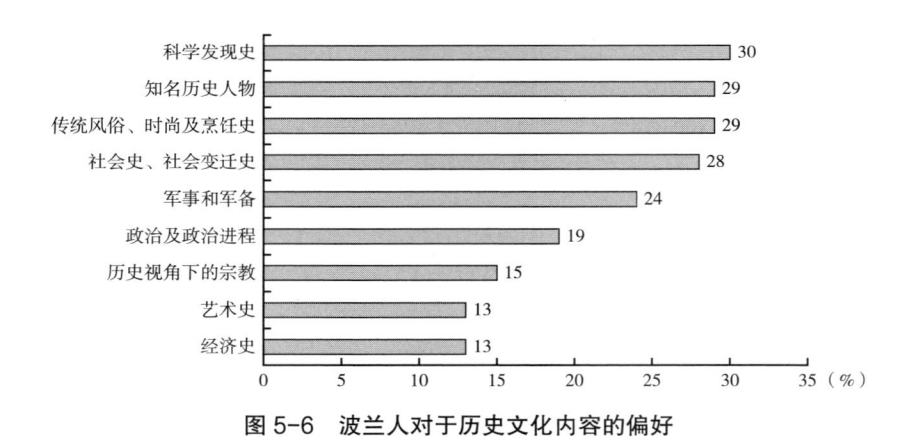

类别	百分比(%)
科学发现史	30
知名历史人物	29
传统风俗、时尚及烹饪史	29
社会史、社会变迁史	28
军事和军备	24
政治及政治进程	19
历史视角下的宗教	15
艺术史	13
经济史	13

图5-6 波兰人对于历史文化内容的偏好

资料来源：2016年MHP、Polin、NIFC/Smartscope相关数据。

在参与文化活动的波兰人中，近1/5的参与者每年参观超过一次的历史文物展。博物馆是波兰人最经常去的文化机构（44%的波兰人曾到访博物馆）。就文化机构受欢迎程度而言，为首的是华沙国家博物馆（27%），紧接着的是华沙戏院（22%）、瓦维尔城堡（20%）、哥白尼科学中心（16%）、华沙起义博物馆（16%），还有华沙皇家城堡（15%）。

就历史时期而言，对第二次世界大战感兴趣的波兰人数量最多（占所有回答人数的29%）。而对其他历史时期感兴趣的人群占比仅在2%至6%之间（见图5-7）。

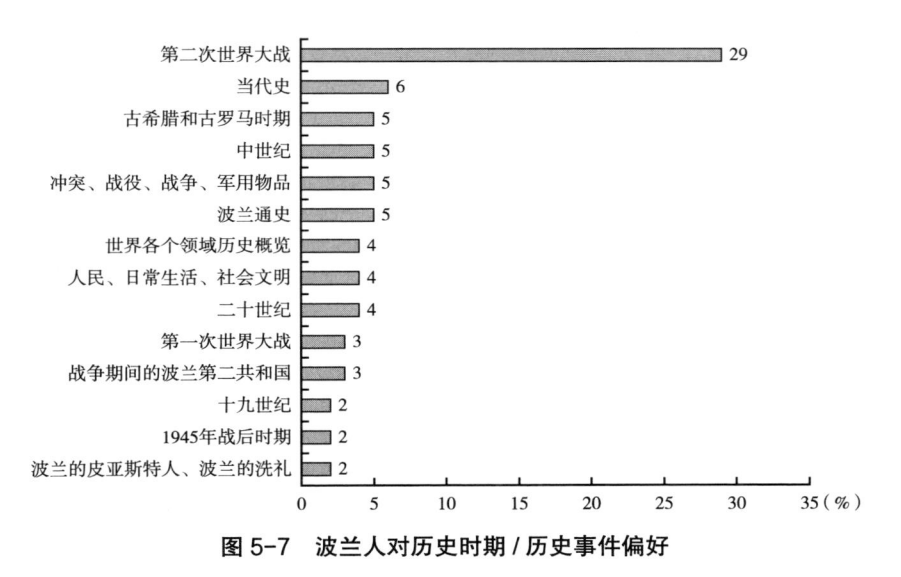

历史时期/事件	比例(%)
第二次世界大战	29
当代史	6
古希腊和古罗马时期	5
中世纪	5
冲突、战役、战争、军用物品	5
波兰通史	5
世界各个领域历史概览	4
人民、日常生活、社会文明	4
二十世纪	4
第一次世界大战	3
战争期间的波兰第二共和国	3
十九世纪	2
1945年战后时期	2
波兰的皮亚斯特人、波兰的洗礼	2

图5-7 波兰人对历史时期/历史事件偏好

资料来源：2016年MHP、Polin、NIFC/Smartscope相关数据。

三 消费群体有待扩展

当今欧洲社会包括波兰社会，因为人口数量剧变人口结构有了新的特征。根据波兰中央统计办公室所做的关于2050年波兰人口的预测，0至14岁的孩子的数量会下降，15至59岁的成年人的数量也会下降，同时60岁及以上的人口的数量和比例会上升。目前波兰60岁及以上的人口比例已经超过总人口的24%（900万人）。

参与文化广义上是指个体参与文化现象，这就包括吸取文化内涵，使用文化资源，使个体成为现存文化形式和观念的一部分，同时个体也创造新的价值以及将现有资源再次进行创造和加工。除此以外，参与文化可以避免个体被边缘化和遭受社会排挤，因此邀请人们参与文化并且让他们融入社会生活就显得格外重要，而这也是社会凝聚力的应有之义。对于老年人而言，文化活动能够帮助他们维持社会关系，有助于他们对抗老年时期的孤独。

（一）波兰老年人文化参与度低

根据波兰中央统计办公室的研究结果，60岁及以上的老年人的文化活动参与度显著低于大众的文化参与度。只有37.7%的波兰老年人参与各类常见的文化活动。在各种文化参与方式中，老年人群体的参与比例高于大众参与比例的形式有读报刊（老年人中有73.7%的人读报纸而大众只有71.0%，老年人中有76.0%的人读杂志而大众只有74.8%）、看电视（老年人98.3%，大众97.6%）、观看歌剧和轻歌剧表演（老年人6.7%，大众5.3%）、听交响乐音乐会（老年人6.2%，大众6.0%）。

值得注意的是波兰老年人也在积极参与由文化中心、俱乐部和社区中心举办的各类文化活动。2016年，老年人在这些机构中的表演人数占全部团队表演人数的17.2%，而参与唱歌小组和唱诗班的老年人人数最多，38.2%的参与者是60岁及以上的老年人。同时这个年龄段的民间乐队数量占所有民间乐队总数的32.3%。

此外波兰老年人喜爱的文化活动形式还有参与社团和俱乐部。老年人在社团和俱乐部的常规成员中占了32.5%。另外，老年人在主妇协会中占了53.7%，在电影讨论俱乐部中占了23.2%，在IT课程中占了39.6%，在文学协会中占了35.4%。老年人对文化中心、俱乐部和社区中心等文化机构组织的文化活动有较高兴趣。而老年人较少参与文化活动的现象表明现在老年人对文化参与的需求并不大。

（二）设立专门项目引导老年人的文化需求

波兰家庭、劳动和社会政策部专门设立了"老年人社会活动计划2014-2029"（ASOS计划），以促进适合60岁以上老年人群参与的新兴文化活动的发展。该计划的主要目标是通过挖掘老年人群的潜力以及让他们参与社会活动，来改善其生活质量和提升生活水平。ASOS 计划允许与非政府组织参与，为老年人参与社会活动创造条件。

通过 ASOS 计划，家庭、劳动和社会政策部给予非政府组织 2 万兹罗提至 20 万兹罗提不等的赠款，以支持其开展面向老年人的社会项目。此类项目提议必须符合以下四个先决条件之一：

1. 所申请项目与老年人的教育有关；
2. 所申请项目包含可以改善两代或几代人之间的人际关系的社会活动；
3. 所申请项目与老年人的社会文化活动参与度有关；
4. 所申请项目与老年人享受的社会服务有关。

作为 2016 年 ASOS 计划的一部分，非政府组织发起的 432 个社会项目使得约 15.9 万名老年人受益，其获得的赠款总额超过 3700 万兹罗提。在所有可实施的项目中，238 个项目（55.1%）旨在让老年人更多地参与社会文化活动。约有 32000 名老年人从此类项目中受益，占受益人总数的 20.1%。

ASOS 计划还通过让老年人了解区域文化、参观文化机构（画廊、剧院、电影院等）、了解宗教文化和为老年人修建日托中心四大措施努力让老年人更多地参与社会文化活动。

区域文化是民族文化的一部分，一般定义为历史上特定的人群在特定的地理区域内创建的有形和无形作品的集合。2016 年 ASOS 计划中共有 144 个项目包含了让老年人了解区域文化的活动，约有 15000 名老年人参加。最受欢迎的活动包括传统工艺品的制作（尤其是针织和钩编、制作陶瓷、制造纸张、创作玻璃画和卡舒布风格的瓷器画、柳条编织和剪纸等活动）、教育性旅游观光［例如：参观奥伊科夫（Ojców）国家公园，参观坐山麓（Sudety Foothills）民俗文化博物馆和参观尼季察（Nidzica）的陶器村］，还有观赏民间合唱团和歌舞团表演等活动。

参观文化机构的主要目的地包括画廊、博物馆、电影院、剧院和爱乐乐团等。为了进一步提升老年人的文化参与度，剧院参观往往与剧场现场活动相结合。此类公共项目实施后的反馈意见显示，这种为老年人组织的文化场所参观活动很受欢迎。总而言之，约有 25500 名老年人参加了文化机构的参观活动，这些都是 ASOS 计划资助项目中的一部分。

由于大部分老年人与天主教会有着密切联系，让他们更多地融入文化的好方法之一是让他们了解宗教文化。根据CBOS调查，大多数老年人（87.5%）表示曾参与过宗教活动，如做过仪式群众、接受过宗教服务或参与过宗教会议等。因此，2016年ASOS计划框架下有74个项目包含了与宗教文化相关的内容，其中主要是宗教圣地旅游，如参观波兰地标式宗教建筑等。2016年ASOS计划中的此类项目吸引了4000名老年人参与。

日托中心包括讨论俱乐部、咖啡馆或老年人中心等。2016年有41个项目是推动日托中心建设的，已使大约10500名老年人受益。这些机构在帮助老年人融入社会文化方面提供的活动包括唱歌、表演、观看电影和听新闻，以及参与绘画和摄影课程等。

为适应波兰社会人口结构的变化，针对老年人群的社会政策也需要不断做出调整。任何相关计划行动都应该将老年人的需求和能力考虑在内，尤其是文化因素与老年人的文化参与度一定要被纳入相关政策计划的考虑范围。

就老年人来说，提升文化参与度和为他们融入社会文化创造条件尤为重要。这一领域的活动会带来多方面的好处：他们能够更多地融入社会文化，减少人际排斥和隔离，协助老年人人际交往并可以减缓老年人群持久的被抛弃感和孤独感。需要注意的是，这些活动也会影响社会，因为它们可以促进社会融合和代际合作。

第六章
文化市场政策

波兰文化和国家遗产部鼓励文化产业创新发展并制定法律为其保驾护航，在鼓励自由创作和保护知识产权之间寻求平衡，让波兰文化也能辐射到欧洲其他国家，使波兰成为欧洲艺术灵感的源泉。

一 增加文化经费投入

波兰文化和国家遗产部不断增加对文化领域的经费支持，2018年投入共计40亿兹罗提（约合人民币70.5亿元），相比2015年上涨了20%。仅2018年波兰文化和国家遗产部就将预算中的1.12亿兹罗提用于文化遗产保护，更推动成立了国家遗产保护基金会，为遗产保护提供独立的经济支持。2018年基金会的财政预算为2000万兹罗提。财政方面的支持对于贯彻文化政策十分关键。除去经费投入之外，波兰政府采取了许多激励措施鼓励创作者、艺术家以及经济团体在文化领域开展活动。2020年3月2日，波兰文化和国家遗产部还公布了"纪念碑保护"计划的第一次征聘结果。375个项目获得了超过1.04亿兹罗提（约合人民币1.8亿元）的共同融资。[①]

国家预算的支持为新计划的实行提供了保证。根据文化和国家遗产部的倡议，2017~2018年波兰建立了三个新机构：团结勇敢机构、国家海外遗产机构以及国家建筑与城市研究机构。与此同时，文化和国家遗产部对文化领域的管理力度不断加强，2018年有多家出版机构、影视公司、剧院、院团进入文化和国家遗产部的管理名单，包括维托尔德·皮利基（Witold Pilecki）极权主义研究中心、波兰皇家剧院、波兰音乐出版社、波兰国家图书馆、位于别尔斯克-比亚瓦（Bielsko-Biala）的动画电影工作室、KRONIKA电影工作室、波兰新闻简报、位于华沙的电影缩影（Miniatur Filmowych）工作室、

---

① https://www.gov.pl/web/kultura/ponad-100-mln-zl-na-ochrone-zabytkow.

位于华沙的波兰剧院、位于什切青的米奇斯拉夫·卡洛维茨（Mieczystaw Kartowicz）交响乐团、位于热舒夫的亚图尔·马拉劳斯基（Artur Malawski Sub-Carpathian）交响乐团、位于马佐夫舍的民间歌舞队、罗兹（Łódź）音乐中心、罗兹交响乐团、隆扎（Łomża）交响乐团、艾玛迪斯（Amadeus）波兰无线电室内管弦乐队、西里西亚（Śląsk）舞团、位于塔尔努夫县的帕德·鲁斯基（Pade-rewski）中心等。

波兰也在实施"文化和国家遗产部计划"，共有30个项目，涵盖了艺术、教育、文学、阅读、国家遗产、文化基础设施现代化等领域。通过拨款奖励独立于文化和国家遗产部的集体与个人，比如非营利性组织、当地政府文化机构以及文化遗产相关的持有者等。

二 立法支持

波兰推动文化产业发展的重要一环是新法律的制定，同样由文化和国家遗产部推动。现今相关工作在文化与遗产领域分阶段开展。具体领域法律信息详见：http://bip.mkidn.gov.pl/pages/legislacja/prawo-w-dziale-kultura-i-ochrona-dziedzictwa-narodowego.php。

波兰通信、媒体和互联网行业自由开放、竞争激烈，该领域的外国投资和并购十分频繁。为规范文化领域的经营活动，波兰已制定多部法律。相关法律涉及文化生活与遗产保护的各个方面，如组织进行文化活动、版权、摄影、新闻、视听、传媒、图书馆、档案、国家遗产、艺术教育等。

创作领域 2018年1月1日，波兰正式实施的自然人税收修正法案将创作者的个税起征金额提高了近一倍。在2013年设定的纳税门槛约为8万兹罗提的基础上增加至大约16万兹罗提，一大部分文化工作者会从中受益。

视听领域 视听产品经济激励法已于2018年实行，旨在激励视听产品相关市场的发展，鼓励波兰国内外的合作。

版权领域 由文化和国家遗产部部长牵头的版权法修改工作已经完成，《著作权集体管理法》和类似的法律也相继出台。相关法律依据过去20年间波兰版权行业发展情况，确定文化设备的分类、文化载体的记录，制定费用标准，梳理制造商、进口商的销售情况，推动创作者和艺术家收入的增长。

传媒领域 传媒领域最主要的法律为1992年12月29日出台的《传媒法》及其后续修正案。此外，文化和国家遗产部也制定了一些规范公共媒体运作的法律条款，明确了广播电视领域公共媒体的使命，为公共媒体运作所需的资金的来源提供保障。其他还在起草的法案有传媒行业资本去中心化法案，促进阅读、艺术学校现代化、文化数字等领域发展的相关法案。

电信领域 电信领域最主要的法律是2004年7月16日出台的《电讯法》及其后续修正案，2010年5月7日出台的《支持电信业务和网络发展法案》以及2012年出台的该法案的修正案。

外资企业投资文化产业规定 外资企业进入波兰电信、传媒、互联网等行业，需向政府主管部门申请特许经营执照或获得注册批准。波兰的文化产业政府主管部门是波兰数字化部和波兰文化和国家遗产部。此外，电子通信办公室负责电信、媒体的注册和基础设施管理；国家广播委员会负责广播、电视特许经营审批和频道许可。

文化领域合作机制 2016年6月，中国文化部与波兰文化和国家遗产部签署了《2016-2019年文化合作议定书》。中国—中东欧国家部长级文化合作论坛每两年举行一次。

三 各文化行业相关政策

（一）广播影视业

波兰有相对成熟、完善的电影法律及法规，其主要目的是规范电影的生产制作，为电影的制作及合拍、发行、放映等保驾护航，为电影行业营造健康、良性竞争、规范生产的环境。

有意在波兰独立生产电影的外国制片人必须完成必要的手续，并履行波兰法律规定的企业家义务。无论他们开展什么形式的商业活动，都必须在波兰注册登记并且用波兰语完成。在电影领域更容易、更简单的形式便是与波兰电影公司联合制作电影，成为波兰电影人的合作伙伴。2002年，波兰加入

《欧洲电影联合制片公约》，该公约对 40 个欧洲国家具有约束力。它不仅保证了签约国电影制片人与本国电影制片人享有同等的地位，而且保证了公平合作的原则，同时还有助于缔约国之间实现跨境拍摄等事宜。受该公约约束的国家有义务为参加联合制作的其他各方提供入境、居留和获得工作许可证等便利条件，同时也有义务在境内为合作方提供技术和艺术人员的支持。缔约的每一方也有义务在公约框架内，允许临时进口和重新出口电影制作和发行所需的设备。为了获得联合制作许可，有关申请应在拍摄开始前两个月提交给会员国或缔约方指定的当局进行审批。另外，波兰与法国、加拿大、以色列和印度签订了双边合作协议。根据协议，联合制作人的投资份额必须达到电影总生产成本的 20%~80%，预算中的创意和技术贡献所占的份额也应包含在内，同时允许双边协议框架内国家间的联合制作。

（二）表演艺术业[①]

在文化的发展和宣传方面，为促进民间音乐、舞蹈和歌曲的发展和传播，波兰进行了有组织、有计划和综合指导的活动。这类活动按照国家的文化政策，在各种不同形式的社会文化和民间文化中都已具体付诸实施。《1979—1990 年文化发展纲要》曾提及，发展民间文艺，包括开展全国性的民间文艺活动有着十分重要的意义。在波兰，孩子们从幼儿园到小学和中学都要学习民间音乐。在学生们的课外活动中，还活跃着成百个民乐、民歌团体。青年文化中心和居民区俱乐部也拥有为数众多的这类组织。

另外，波兰从 1984 年起就开始施行《青年美育大纲》，该大纲在音乐、美术、文学、电影、戏剧和波兰民间文化等方面为青少年提供了丰富的文化教育内容。回顾 1985~1988 年大纲的执行情况，可以看出这种融学校、文化机构、出版单位、群众媒介、青年组织为一体的社会文化及民间文化运动已在青年人中逐步推广，并且在随之而来的全民普及教育中展现正确的方向和显著的成果。社会文化运动对民间文化的发展起了很大的作用。

波兰还贯彻实施了《1986—1990 年波兰民间艺术和工艺发展规划》。

[①] Mieczyalaw Marczuk、克念:《波兰民间音乐、民间舞蹈的现状及展望》，《云南民族学院学报》1989 年第 3 期，第 69~71 页。

这个规划是民间艺术工作者协会制定的，实际上从1968年起便已实施，内容也相当充实。民间艺术工作者协会拥有2000名成员，其中1600位为美术工作者，180位为民间文学作者，大约20位是民俗学研究团体的领导以及个体民歌、民乐和民间舞蹈的演员。该协会中还有31个乐队和歌咏队。此外，在各工会机构、各合作社组织和农村青年男女中尚有数百个民间歌舞队。近年来，在文学艺术部的协助下，从中央到地方凡是与农村生活有关的组织和机构都在执行一项任务，其主要宗旨是鼓励、促进和开展农村的文化活动，包括保存和发展民间文化。主要负责这项工作的是民族文化委员会。波兰还制定了《到公元2000年文化发展纲要》，以确保在保护民族文化遗产、扩大文化的社会接受面、开展艺术创作活动等方面符合世界文化发展的趋势。

（三）图书出版业

在波兰，著作权受1994年2月4日颁布的《版权及相关权利法案》的保护，著作权的管理由文化和国家遗产部负责。这项法案在2000年6月进行了大量修改。目前这一新法案已达到同期的国际标准，并与知识产权的自由贸易原则相符合。

在波兰，著作权的保护范围在很大程度上被扩大了。新的法案不仅包括了传统意义上的作者权利，而且包括了相关权利。新法案还规定了一些新的权利以及这些新权利的所有者有权决定如何使用他们的作品以及其作品如何产生经济效益。这些新的权利拥有者包括音像作品制造者，电视台、广播电台以及艺术表演者。新法案还规定了在科学、技术以及制造领域，电脑程序和工业设计方面的作品均受到保护。对于计算机软件的保护机制，波兰与其他欧盟国家使用的方式相似。

对于知识产权的保护期限，新法案将其延长至作者死后70年，如果该著作权归其他人所有，则保护期限则延长至该作品发行后70年。

新法案规定了更为有效的著作权保护程序，并且规定非法获得的利益将被没收并返还给真正的所有权人。该新法案同时还规定了对于侵犯知识产权的人将被处以罚款，甚至处以最高5年的有期徒刑。新法案在很大程度上加强了著作权在波兰的受保护程度，同时也减少了盗版。

（四）游戏业

游戏公司满足要求即可申请资金支持 波兰游戏公司满足相关要求即可申请资金支持，具体标准如下：

（1）项目预算在约合 13 万美元至 518 万美元之间；

（2）整个企划的时间至多为 3 年；

（3）由业界研究与实验性开发组成，或是纯为实验性开发；

（4）合约工所占支出不得超过项目总成本的 60%；

（5）项目在波兰国内完成。

如果满足以上的标准，那么这家游戏公司就可以得到项目总成本 40%~80% 所对应资金的支持。具体根据公司的规模、研究与开发的形式，其所得到的支持会有所不同。

波兰国家研发中心提供资金支持 在"2014~2020 年智能增长运行计划"（Smart Growth Operational Program for 2014-2020）的支持下，波兰国家研发中心出资 1.16 亿兹罗提为 38 个游戏开发项目提供资金支持。

波兰游戏条约 2014 年，波兰政府与 Techland、CI Games、11 bit 工作室等几家知名波兰游戏研发公司合作，共同制定了《波兰游戏条约》。该条约正是波兰改善本国游戏行业发展环境，帮助游戏公司创作高质量游戏的起点。

研发扶持资金 由于欧洲经济的不景气，波兰开始对产业附加值较高的游戏产业进行扶持。针对相应的游戏开发商，波兰政府提供的科研扶植资金数额高达 3000 万兹罗提（约合人民币 5000 万元）。此举是波兰为鼓励本国游戏产业发展，而对那些有突出贡献的波兰厂商进行的扶植计划。

新扶持项目 2015 年 4 月，波兰政府推出了一个涉及金额 1800 万欧元（约合 2046 万美元）的项目，旨在为本国游戏工作室提供资金支持。该项目的目标是通过研究与开发新游戏提高波兰游戏行业的竞争力，从而鼓励波兰游戏公司开发创新项目，并为正在开发创新型游戏的公司提供支持。

推广补助和人才培养 波兰政府对游戏原型研发提供了有效的补助，同时还推出了一个名为"塑造品牌"（Go to Brands）的推广补助项目，提供的优惠措施包括来自本国产业规划的支持、欧盟的财政补助以及一般性研发项目的税收优惠。目前游戏企业可以获得非常有效的政策扶持，其中最大的研发扶持项目被称为"GameINN"，提供的首批扶持资金是24万欧元。之后还有很多小型的补助，如对游戏原型研发的补助以及对参加贸易博览会的游戏商贸团的补助。波兰政府也正在推行一项税收减免计划，主要针对的是那些向世界各地宣传波兰正面形象和波兰文化的游戏。

波兰政府不仅为游戏产业相关企业提供贷款、补贴、投资，还将精力放在人才培养和技术升级等方面，广泛呼吁高校开设游戏相关的课程，而这可以使波兰成为游戏制造开发的"沃土"。游戏制造开发人才培养的规模化、游戏工作室开发游戏成本的降低以及开发难度的降低，能够助推波兰游戏产业健康迅速的发展。

（五）知识产权保护法律法规

波兰知识产权保护法积极适应现代国际标准，其中最重要的法律包括《著作权和相关权利法》（1994年）和《工业产权法》（2000年）。《工业产权法》于2001年8月22日生效，具有法典性质。而《反不正当竞争法》（1993年）和《竞争和消费者保护法》（2000年）也包含了工业产权保护方面的规定。

波兰适用于欧盟关于工业产权、著作权和相关权利的各项法律。波兰还是下列国际工业产权和知识产权协议的缔约国：《巴黎工业产权保护公约》（1975年）、《伯尔尼文学艺术作品保护公约》（1990年）、《世界贸易组织与贸易有关的知识产权协议》（2000年）、《世界知识产权组织表演和录像制品条约》（2003年）、《关于授予欧洲专利的公约》（2004年）。

在波兰，发明、实用新型、工业样式、商标、地理标志、集成电路的拓扑图等工业产权均受法律保护。此外，农产品和食品的名称和标识也受法律保护。在保护发明和实用新型领域，波兰签署了《华盛顿专利合作条约》（1990年）、《斯特拉斯堡国际专利分类协定》（1997年）。在商标保护方面，波兰签署了《马德里国际商标注册协定》（1991年）、《国际货物和服务商标注册分类尼斯协定》（1997年）、《商标图形要素维也纳协定》（1997年）。

波兰知识产权保护法规定，在波兰专利保护期为 20 年，使用权保护期为 5 年，两者均可申请延长 5 年。保护期间使用者须向所有者支付费用。工业产权保护期为 50 年。商标保护期为 10 年，可延长 10 年，但连续 3 年不使用则解除保护。科学、工业、建筑和城市规划的设计图纸、电脑程序、音乐、舞蹈等著作权，从作者死亡或第一次出版之日起 70 年后失效。

第七章
文化市场资金

一 波兰文化和国家遗产部经费投入增加

波兰政府每年预算中计划用于文化和国家遗产保护领域的支出分以下三类：国家预算、欧洲资金预算、特别用途基金（见表 7-1）。

表 7-1 波兰用于文化和国家遗产保护领域的预算支出类型

类别	来源
国家预算	文化和国家遗产保护 Part 24（由文化和国家遗产部支配的预算部分，下同）
	国家预算"其他"项下第 921 款项中文化和国家遗产保护领域的支出
欧洲资金预算	文化和国家遗产保护 Part 24
特别用途基金	文化促进基金会

注：表中"文化和国家遗产保护 Part 24"表示文化和国家遗产部专门使用的预算经费，"第 921 款项"则指预算类别，其中可能包括分给某个或某几个部使用的预算经费。

2017 年"文化和国家遗产保护 Part 24"的金额为 36.55 亿兹罗提，"第 921 款"的金额为 22.558 亿兹罗提；两者占国家预算支出的比例分别为 0.95% 和 0.59%。

2017 年波兰用于文化和国家遗产保护领域的支出共计 42.845 亿兹罗提，支出总额比 2016 年减少了 4%，较 2015 年增加了 5%。2017 年的支出总额不及 2016 年，主要是因为 2016 年 12 月波兰文化和国家遗产部要求购买沙托里斯基（Czartoryski）家庭收藏品，这项特殊的额外费用使 2016 年的文化支出增加了 11.9%。除去这笔费用，2017 年波兰用于文化和国家遗产保护领域的支出实际比 2016 年高出 7%。

在 2018 年的预计预算中，用于文化和国家遗产保护领域的支出总额将达到 46.648 亿兹罗提，与 2017 年相比名义上增长了 9%。表 7-2 列出了 2015~2018 年的文化支出，分别按当年价格和 2015 年价格计算。

表 7-2 2015~2018 年波兰文化支出情况

单位：百万兹罗提

	2015 年	2016 年	2017 年	2018 年
文化支出（时价）	4092.7	4475.8	4284.5	4664.8
文化支出（2015 年价格）	4092.7	4502.8	4234.1	4506.3
较 2015 年变化（2015 年价格）	—	10%	3%	10%

注：因数据采集年份为 2017 年，2015 年和 2016 年数据为实际支出，2017 年和 2018 年数据为计划支出。
资料来源：《波兰文化年鉴 2017》。

由波兰文化和国家遗产部支配的财政支出除去国家预算中的相关部分，还包括欧洲资金预算和特别用途基金。2017 年，"国家预算中文化和国家遗产保护 Part 24""欧洲资金预算""特别用途基金"总额为 39.943 亿兹罗提，占文化总支出的 93%。文化支出的剩余部分（7%）来自国家预算"其他"项下第 921 款项中文化领域的支出，该项支出在国家预算（可由部长、总统府和省长支配）的其他部分中有所体现（见图 7-1）。

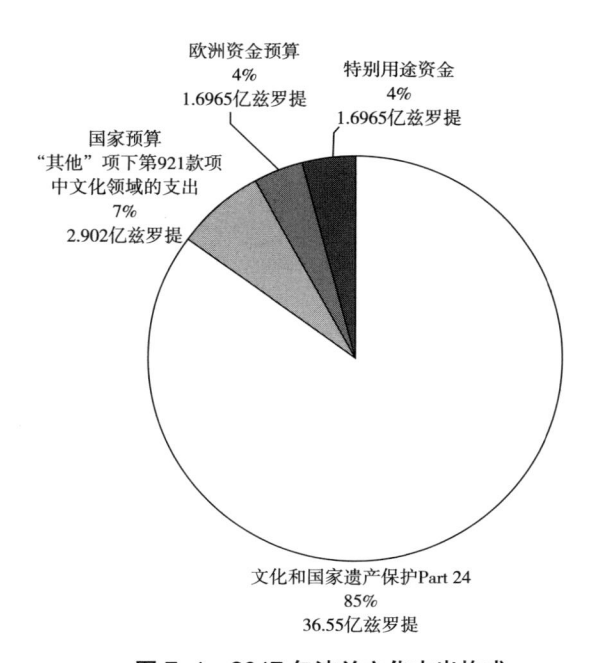

图 7-1 2017 年波兰文化支出构成

资料来源：《波兰文化年鉴 2017》。

表7-3 2017年文化和国家遗产保护Part 24和国家预算第921款项中文化与国家遗产保护领域开支情况

单位：千兹罗提

	文化与国家遗产保护领域 Part 24 开支根据预算部门分类 总计：3644979		第921款项中文化与国家遗产保护领域开支根据预算部分划分总计：2255811	
	分类	数额	分类	数额
Part 24 以及第921款项 1965589	801-教育和儿童福利	906192	54-退伍军人和被压迫受害者办公室	750
			31-就业	3990
	803-高等教育	652012	13-国家纪念研究所-对波兰国家犯罪的起诉委员会	5884
			32-农业	6485
	750-公共行政	85817	28-科学	8000
			30-教育及儿童福利	8000
	854-育儿教育	35101	46-医疗保健	10605
			43-宗教派别、民族和少数民族	16294
	752-国防	183	1-波兰共和国总理府	30000
			45-外交事物	33384
	754-公共安全	85	29-国防	78027
			85-行政省执法官	88803
	总计	1679390	总计	290222

资料来源：《波兰文化年鉴2017》。

2017年，文化和国家遗产部会像往年一样，将相关预算经费下拨到数千个文化领域的项目实体中。对于第921款项中文化领域的各项支出，具体计划有以下几项。

向由51个政府文化机构和46个机构提供核心赠款，这些机构是由当地政府与文化和国家遗产部、波兰电影学院、波兰—俄罗斯对话理解中心以及俄罗斯联邦共同运作的。

向35个文化机构提供特殊用途赠款。

为"文化和国家遗产部部长计划"（以下称为"部长计划"）内的各团体提供特殊用途赠款。截至8月底，部长计划已向1306个实体提供赠款，其中包括400多个教会、宗教组织或宗教法律实体，400多个非政府组织和300多个地方政府文化机构。

为国家档案总局、3个中央档案馆、30个区域档案馆的日常工作提供资金以及文化和国家遗产部的预算和行政管理局的既定文化支出。

第801款项——教育和儿童福利，以及第854款项—育儿教育的支出主要包括：

资助艺术教育中心、艺术学校教师培训中心和279所艺术学校和寄宿学校；

重点资助173所非公立艺术学校和寄宿学校，由多个公立学校授权和3所公立艺术学校主管，而这3所公立艺术学校由非地方政府单位的自然人或法人建立。

第803款项——高等教育的支出涵盖19个艺术大学的学习、教学工作以及学生奖学金计划。

第750款项——公共行政的支出包括文化和国家遗产部的相关的财政计划。

2017年第921款项中的大多数文化支出类别的比重与2016年和2018年的情况相近。与2016年相比，2017年只有博物馆的支出比重以及爱乐乐团、管弦乐队、合唱团和乐队的支出比重大幅下降。博物馆支出占比下降了24%（12个百分点），爱乐乐团、管弦乐队、合唱团和乐队的支出占比下降了43%（3个百分点）。2017年博物馆支出比重下降，是由于2016年购买了沙托里斯基家庭收藏品。"2016年欧洲文化之都"项目和与国家音乐论坛有关的极特殊用途赠款，导致2016年爱乐乐团、管弦乐队、合唱团和乐队的开支非常高，故2017年的这部分支出比重相较2016年有所下降（见图7-2）。

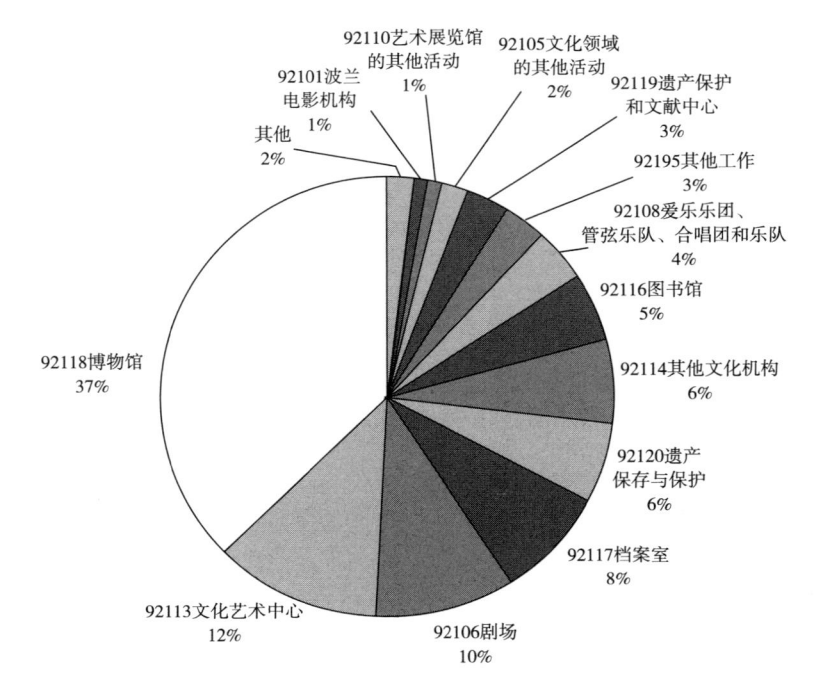

图 7-2　2017 年国家预算第 921 款项中文化和国家遗产部专用经费支出结构

资料来源：《波兰文化年鉴 2017》。

表 7-4　2015~2018 年文化支出占国内生产总值的比重

单位：%

	2015 年	2016 年	2017 年	2018 年
文化支出在 GDP 中所占比重（在以下支出之内：国家预算文化和国家遗产保护 Part 24、第 921 条款、欧洲资金预算、特别用途资金）	0.229	0.242	0.221	0.227

资料来源：《波兰文化年鉴 2017》。

波兰还加大对特定文化行业的资金支持力度。2016 年国家预算中约有 20.09 亿兹罗提用于支持音乐类项目的发展，其中 1.77 亿兹罗提由指定文化机构专用。波兰各类音乐类项目主要由地方政府、非政府组织和商业实体实施完成，资金的分配通过招标程序决定。受资助的项目如音乐舞蹈协会开展的"常驻作曲家""常驻指挥""驻留艺术家""传统大师学院""民间乐器制作大师学院""神秘海域音乐空间""音乐评论2.0"等项目，以及"爵士音乐首演"等演出计划。

波兰政府还利用税收扶持文化产业的发展，例如将自然人收入的1%作为税收用于支持公益组织的发展，这一资金也部分用于支持音乐类机构的发展。除去政府支持，各类音乐协会组织还积极拓展其他资金渠道，如寻找赞助商、依靠捐赠和众筹等。一般更容易得到资本支持的音乐类机构是支持民间乐队发展的行业组织。

波兰文化和国家遗产部正在建立支持文化发展的拨款体系，其主要用于支持艺术、文化教育、文学、文化遗产、文化基础设施等多个领域的发展，也用于支持NGO组织、文化遗产持有者等处于文化和国家遗产部管理范畴之外的集体或个人。

二 地方政府支持文化产业发展

2017年波兰地方政府在文化领域的名义支出为81.47亿兹罗提，比2016年多14.74亿兹罗提。这一金额超过2014年的77.23亿兹罗提，成为1989年以来金额最高的年度文化开支。地方政府的总开支2014年以来一直呈上升趋势，其中一部分原因便是文化领域开支的增加。尽管2017年地方政府名义文化开支有所上升，但文化开支在地方政府总支出中占比下降至32%，与2004~2005年文化开支下降幅度齐平（见图7-3）。

根据商务部《对外投资合作国别（地区）指南—波兰2020》，"1999年1月1日起，波兰实行省、县、乡三级行政划分。目前波兰共有16个省、314个县和66个县级市、2477个乡。"每一级行政单位都有不同的责任。文化产业管理是属于区政府与县级市政府的责任。在波兰最低一级的地方政府——区政府的公共资金中文化开支所占比重最大。省政府支持它们的工作，而县级市政府在这一工作中被边缘化。

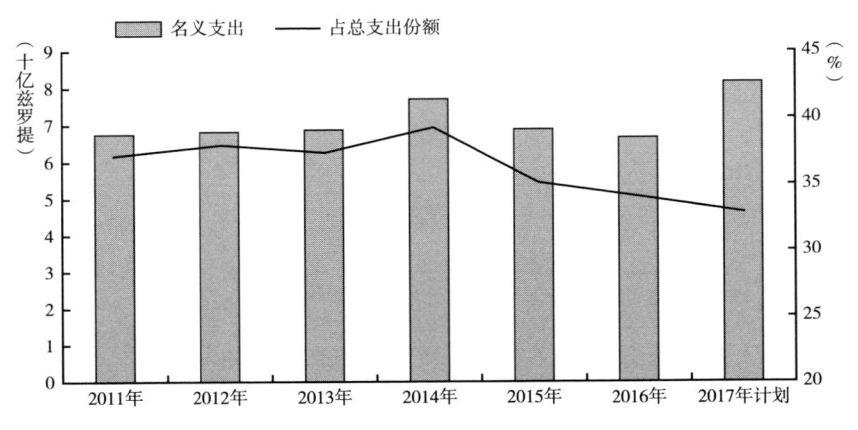

图 7-3 2011~2017 年波兰地方政府文化开支情况

资料来源：波兰财政部相关数据。

2017年各级地方政府文化开支水平如下：省政府为14.23亿兹罗提，市政府为1.42亿兹罗提，区级（除县级市）政府为38.34亿兹罗提，县级市政府为27.48亿兹罗提（见图7-4）。

图 7-4 2010~2017 年波兰各级地方政府文化开支情况

资料来源：波兰财政部相关数据。

各级地方政府在文化领域的财政支出比例近几年变化趋势保持不变。在整个地方政府文化开支中，区级（除县级市）政府开支占到将近一半（47%，较上年增长 3%），县级市政府开支占三分之一强（34%，较上年下降 3%），省政府开支占 17%（较上年下降 1%），市政府开支则占比很小（见图 7-5）。

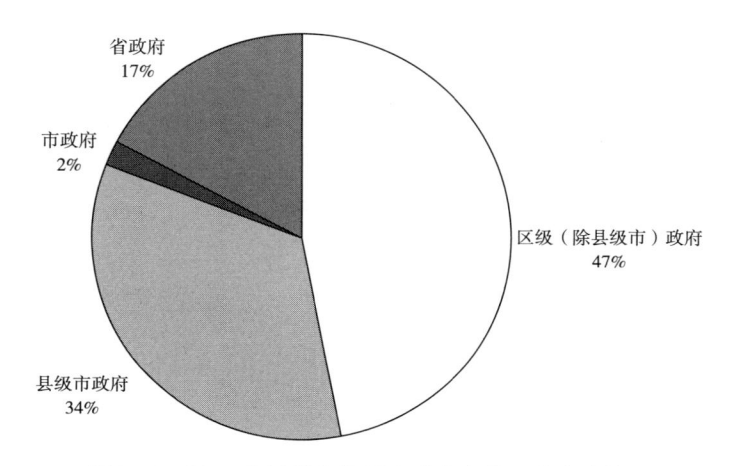

图 7-5　2017 年波兰各级地方政府文化开支占比情况

资料来源：波兰财政部相关数据。

致使波兰地方政府名义文化开支增加的因素之一为外来资金的支持，尤其是来自欧洲的外资补贴，2017 年补贴金额达到 4.78 亿兹罗提。因外资补贴而生的波兰文化融资动力，与欧洲国家长期补贴政策有关（见图 7-6）。

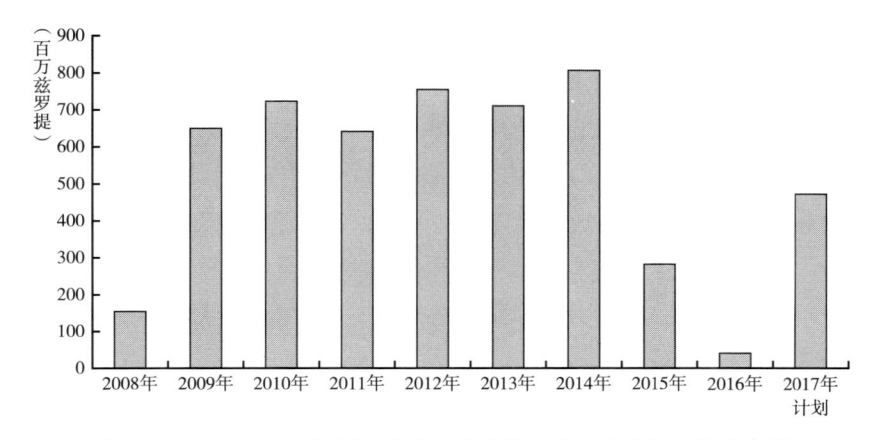

图 7-6　2008~2017 年用于地方政府文化开支的外来资金补助金额

资料来源：波兰财政部相关数据。

地方政府各文化领域2017年开支与2016年实际开支的对比情况表明，增长的最大一部分经费会拨给文化中心、文化社区中心及相关俱乐部（共4.8亿兹罗提）。这并不出人意料，因为2017年地方政府用于文化领域的支出共250亿兹罗提，其中31%的开销都用于第921款项和文化遗产保护方面。相较2016年，与文化遗产保护相关的财政支出将发生极大改变，2017年相应的开支将从2.54亿兹罗提增长至5.25亿兹罗提，数值翻了一倍多。因与外资补贴情况具有相关性，"其他活动"这一条目下的开支也将有显著的增长（见图7-7）。

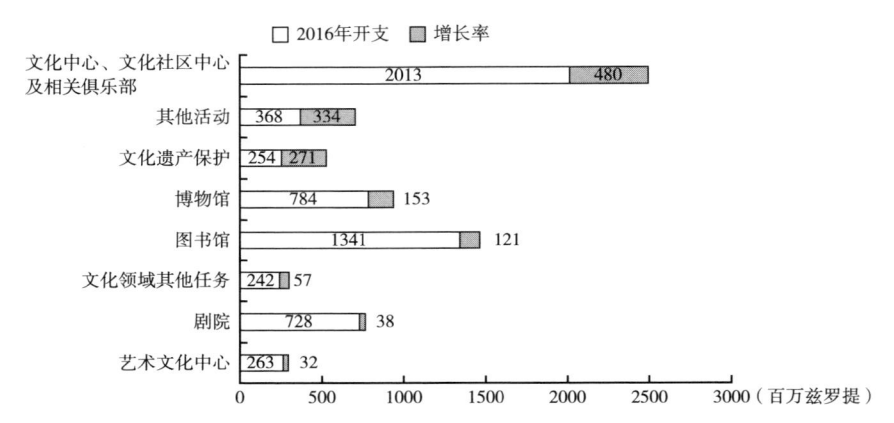

图7-7 波兰地方政府各文化领域2016年实际开支与2017年开支情况

资料来源：波兰财政部相关数据。

2017年，地方政府计划实现人均文化开支212兹罗提，比上一年增长38兹罗提。根据地理区域划分，2017年地方政府中人均文化开支最高的省为下西里西亚省（267兹罗提），马佐夫舍省以微小差距紧随其后（253兹罗提）。人均文化开支最低的省为圣十字省，仅为162兹罗提（见表7-5）。

表7-5 波兰地方政府2016年实际人均文化开支及2017年人均文化开支情况

单位：兹罗提

省份	2016年	2017年
库亚维-滨海省	157	199
大波兰省	171	201
小波兰省	176	210

续表

省份	2016年	2017年
罗兹省	162	208
下西里西亚省	227	267
卢布林省	158	192
卢布斯卡省	160	202
马佐夫舍省	205	253
奥波莱省	167	215
波德拉谢省	163	204
滨海省	197	220
西里西亚省	158	186
喀尔巴阡山省	140	181
圣十字省	126	162
瓦尔米亚-马祖里省	141	207
西滨海省	173	209

资料来源：波兰财政部相关数据。

不同区域在文化领域的财政支出的差异与各自的农村人口分布有关，相当一部分文化领域的预算会被用于县级市。值得注意的是，2017年大城市和其他区域的人均文化开支差距将会缩小。同时，县级市的人均文化开支预计将增长17%，农村地区的增长率预计达29%，郊区达32%，城镇预计达34%（见图7-8）。

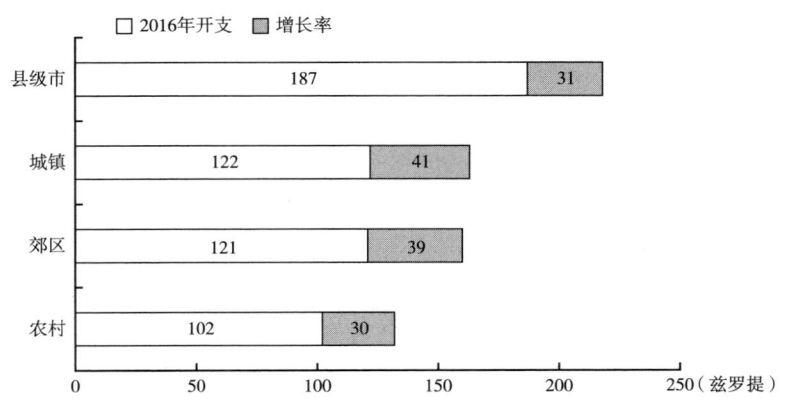

图7-8　波兰不同区域2016年实际人均文化开支与2017年人均文化开支情况

资料来源：波兰财政部相关数据。

在大城市，文化及国家遗产的保护能得到更多的预算保障。其中开支最大的大城市为华沙。2017年在华沙市政府的预算中，文化开支高达约57.46亿兹罗提，相当于人均328兹罗提。其他文化开支较大的城市有克拉科夫（约23.44亿兹罗提，相当于人均306兹罗提）、罗兹（约17.74亿兹罗提，相当于人均255兹罗提）以及弗罗茨瓦夫（约15.48亿兹罗提，相当于人均243兹罗提）（见表7-6）。

表7-6 2017年波兰各城市文化开支排名

主要城市	2017年文化开支	
	总计（十兹罗提）	人均（兹罗提）
华沙	574588586	328
克拉科夫	234432945	306
罗兹	177436281	255
弗罗茨瓦夫	154765922	243
波兹南	113933743	211
格但斯克	102476517	221
卢布林	102031288	300
什切青	68413200	169
卡托维兹	67711876	227
格丁尼亚	64616793	262
托伦	59769750	295
比得哥什	50482917	143
比亚韦斯托克	40362916	136
拉多姆	40115570	187
索斯诺维茨	38150868	185
别尔斯科-比亚瓦	35811165	208
奥波莱	35251501	297
瓦乌布日赫	34692572	303
扎布热	34120911	194
琴斯托霍瓦	31016398	137

资料来源：波兰财政部相关数据。

三　文化基金会作用明显

欧洲资金预算用于资助经营计划"2014~2020年基础设施和环境"的任务（占其支出的85%）。

表7-7　2017年文化和国家遗产Part 24中的欧洲资金预算分配情况

单位：千兹罗提，%

项目	金额	占比
OP I&E2014-2020，第八项"文化遗产保护与文化资源开发"重点为国家遗产保护项目融资，在其过程中进行招标	81050	49.8
OP I&E2014-2020，"减少经济中碳使用量，实现波兰公立艺术学校的全面能源现代化"（覆盖139所学校）	57830	35.5
欧洲经济区金融机制，2009~2014	12600	7.7
OP数字波兰2014~2020	8719	5.4
挪威金融机制2009~2014	2250	1.4
其他项目	371	0.2
总计	162820	100

资料来源：《波兰文化年鉴2017》。

2017年文化促进基金会持有的资金主要用于三大领域，具体情况见表7-8。基金会最主要任务占用了2017年预算资金的92%，其余的资金则用于波兰电影机构项目和图书馆相关费用。截至2017年8月底，共有2822个组织在"部长计划"内获得了该基金会的资助。这包括1000多个地方政府文化机构、1000多个基金会和协会、300多个商业实体和100多个地方政府单位。

表 7-8　2017 年波兰文化促进基金会支出构成

单位：千兹罗提，%

项目	金额	占比
促进或支持： 　　全国性、国际性艺术项目，包括教育性艺术项目 　　文学作品和新闻，以及关于波兰文化和推进读者群、加强文化杂志和低发行量文学的项目 　　创作者及艺术家，包括相关社会福利 　　保护波兰民族遗产的活动 　　残疾人参与的文化活动 　　以项目形式执行的任务，包括投资项目以及由欧洲和国际基金共同出资的任务 　　实施投资，促进和支持艺术项目，发展读者群，保护国家遗产，支持年轻创作者和艺术家以及当代艺术	172107	92
波兰电影机构项目	10500	6
为作者、翻译和出版商支付图书馆借阅相关费用	3881	2
总计	186488	100

资料来源：《波兰文化年鉴 2017》。

四　行业机构的资金提供了有力补充

2017 年，波兰电影协会为业务项目框架内的活动拨款 1.375 亿兹罗提，其中 0.94 亿兹罗提被用于电影制作，0.25 亿兹罗提被用于电影教育及电影文化宣传，600 万兹罗提被用于电影事业的发展，800 万兹罗提被用于波兰电影海外推广（见图 7-9）。

波兰电影协会也一直为许多与电影制作无直接关系的项目提供资金支持，比如电影节和电影竞赛、专业化项目、电影的数字化改造和发行等。2017 年，有大概 160 个项目从电影教育及电影文化宣传的项目大类中获得资金支持。

若电影制作人想获得波兰电影协会的资金支持，他必须向三个年度大会中的一个提交申请。项目的评估包括两个阶段，为期十二个月，由波兰文化和国家遗产部部长指派的专家来进行评估。专家主要来自电影和文艺社区的代表。专家委员会的领导者可以支配 80% 的资金，剩下 20% 由协会会长决定。

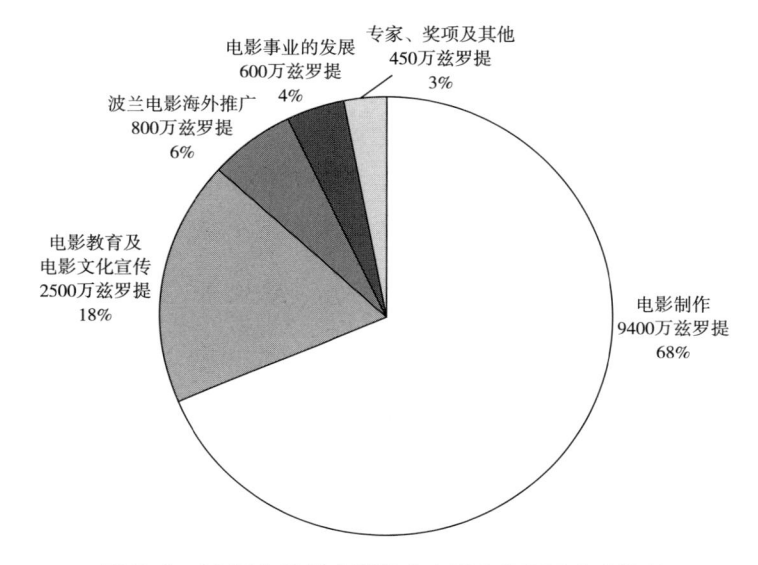

图 7-9　2017 年波兰电影协会电影业务项目支出情况

资料来源：波兰电影协会（Polish Film Institute）相关统计数据。

第八章
文化产业国际化

一 积极融入国际环境

波兰参加了 1948 年《哈瓦那宪章》的制定，是关贸总协定的成员方。1991 年 2 月，波兰与捷克斯洛伐克、匈牙利共同建立维谢格拉德集团。1992 年 12 月捷克和斯洛伐克分别独立后，该集团成员国由三个变为四个。1995 年 1 月 1 日，波兰成为世界贸易组织（WTO）的创始成员国，1996 年 11 月 22 日成为经济合作与发展组织（OECD）的正式成员。

自 2004 年 5 月 1 日加入欧盟（EU）后，波兰还加入了欧盟与其他伙伴缔结的自由贸易协定。除与 EFTA（欧洲经济区）、瑞士（自由贸易区）和土耳其（关税同盟）签订的三个协议外，波兰签署的其他主要协定还包括欧盟与地中海国家的联系协议（包括阿尔及利亚、埃及、以色列、约旦、黎巴嫩、摩洛哥、巴勒斯坦自治国、叙利亚、突尼斯和土耳其，利比亚为观察员国），与原南斯拉夫国家的稳定和联系协议，与墨西哥和智利签订的联系协议，与南非的贸易、发展与合作协议，与韩国的自由贸易协定，与哥伦比亚和秘鲁的多边贸易协定，与中美洲国家（哥斯达黎加、洪都拉斯、萨尔瓦多、危地马拉、尼加拉瓜和巴拿马）的贸易协定，以及与加拿大的全面经济贸易协定等。

波兰是中东欧地区吸引外国直接投资最多的国家，其中 50% 以上为其加入欧盟后吸引的。2010 年，波兰吸引外资 142 亿美元。世界银行和国际金融公司联合发布的《2013 年营商环境年度报告》指出，波兰是自 2005 年以来致力于改善营商环境速度最快的欧盟经济体。

根据波兰央行公布的数据，2016 年波兰吸引外国直接投资 139.3 亿美元。截至 2016 年底，波兰累计吸引外国直接投资 1863.1 亿美元，其中 92% 来自欧盟成员国，累计对波投资金额排名前 5 位的国家分别是荷兰（358.8 亿美元）、德国（309.5 亿美元）、卢森堡（248.2 亿美元）、法国（188.4亿美元）、西班牙（108.6亿美元）；主要投资行业包括制造业（587.2亿美元，占比32%）、金融保险业（353.8亿美元，占比19%）、批发零售及机动车维修业（273.1亿美元，占比15%）、房地产业（153.6亿美元，占比8%）等。联合国贸发会议发布的2018年《世界投资报告》显示，2017年，波兰吸引的外资流量为64.34亿美元；截至2017年底，波兰吸引的外资存量为2344.41亿美元。

此外，自2004年加入欧盟后，波兰主要从欧盟处获得发展资金。据波兰相关统计，入盟15年间，波兰累计获得欧盟资金约1594亿欧元，主要用于基础设施建设、环境保护、科技研发、区域发展等方面。波兰也对外提供援助，主要援助对象为东非国家，塔吉克斯坦、摩尔多瓦等部分独联体国家，以及阿富汗和巴勒斯坦等。

二 重点文化行业国际化特征显著——以电影行业为例

（一）波兰电影在国际市场占据一席之地

波兰电影产业也在积极融入国际市场，2017年波兰有多部电影进入美国、法国等欧美主要电影市场。波兰电影人与电影公司更参与到《至爱梵高·星空之谜》《居里夫人》等影片的联合制作、联合出品当中，并取得了不俗的票房成绩。

波兰电影制片人非常愿意与外国伙伴合作。跨国合作有助于推动波兰电影走向世界，提升波兰电影国际影响力。2017年，进入美国市场的波兰电影有阿格涅什卡·斯莫琴斯卡（Agnieszka Smoczyńska）执导的《魅惑人鱼姬》、由米夏·马尔扎克（Michał Marczak）执导的《所有的不眠之夜》、由安杰伊·瓦依达（Andrzej Wajda）执导的《残影》，还有少量的联合制作影片，比如玛丽·诺埃尔（Marie Noëlle）执导的《居里夫人》和由汤姆·亚什·韦恩雷布（Tomáš Weinreb）与彼得·卡兹达（Petr Kazda）共同执导的《我是欧嘉》。2017年，由波兰和英国电影制片人联合出品，多洛塔·科别拉和休·韦尔什曼执导的电影《至爱梵高·星空之谜》也在美国上映。这部电影也同时在超过135个国家上映。

2017年，由托马斯·瓦希勒夫斯基执导的《爱情合众国》海外上映的国家数量又增加了8个。

由扬·P. 马杜辛斯基（Jan P. Matuszyński's）执导的《最后的家庭》在瑞典、捷克和匈牙利进行了首映。来自捷克、斯洛伐克、芬兰、瑞典和西班牙的发行商对阿格涅丝卡·霍兰执导的《糜骨之壤》十分感兴趣。安杰伊·瓦依达执导的最新电影，除了在美国，还在加拿大、法国、巴西、希腊、保加利亚、拉脱维亚、匈牙利、斯洛伐克和捷克等国家上映。2017年7月由玛高扎塔·施莫夫兹卡（Małgorzata Szumowska）执导的电影《身体》在日本上映，之后也在25个国家上映。日本影迷也观看了由波兰和法国电影制片人联合出品的电影《无辜者》。这部电影在法国吸引了超过72万名观众，在美国票房收益超百万美元，同时在超过20个国家上映。

（二）波兰电影水平获国际电影节认可

2017年波兰电影共参加了全球1100场电影节的放映并获得了近130个奖项。在柏林、戛纳、威尼斯等国际A类电影节中都能看到波兰电影和波兰电影人的身影。参加各类电影节的电影包括了故事片、电影短片、动画电影、纪录片等众多类型的影片。2015~2017年波兰电影人连续三年斩获柏林电影节银熊奖。此外，波兰电影在戛纳和威尼斯等电影节上也屡获奖项。阿格涅丝卡·霍兰也凭借她的电影《糜骨之壤》获得了柏林电影节阿尔弗雷德·鲍尔奖（又名"敢斗奖"，用以表彰勇于为电影艺术开创新视野的作品）。在同一电影节上，波兰导演拉斐尔·卡佩林斯基（Rafael Kapeliński）为他的处女作《蝴蝶之吻》赢得了一只"水晶熊"。

波兰年轻导演亚历山德拉·波夫斯卡（Aleksandra Terpińska）在第70届戛纳电影节上获得了两项大奖，她的短片名为《最美的烟花》，并在《评论家周刊》上做部分展示。米夏·马尔扎克因其《所有的不眠之夜》在纽约获得了著名的"电影之眼"奖。雅库布·吉尔扎尔（Jakub Gierszał）出现在享有盛誉的《综艺》（*Variety*）杂志中的"2017年最受瞩目的10位欧洲人"的名单上。该杂志还将多洛塔·科别拉列入"2017年的 10 位动画师"的名单中。《综艺》的《2017 年工匠影响报告》将摄影指导米哈尔·索博钦斯基（Michał Sobociński）誉为电影界 69 位最有趣且最有前途的专业人士之一。导演库巴·谢维斯基（Kuba Czekaj）在柏林和戛纳电影节上凭借他的故事片《对不起波兰》获得了剧本奖，而马西耶·索比埃斯琴斯基（Maciej Sobieszczański）凭借其处女作《和解》在蒙特利尔举行的第 41 届世界电影节上获得了最佳导演奖。在第 52 届卡罗维发利国际电影节上，乔维塔·布德尼克（Jowita Budnik）和埃莉安·乌穆耶尔（Eliane Umuhire）因在乔安娜·科斯－克劳兹（Joanna Kos-Krauze）和克尔兹斯托夫·克劳兹（Krzysztof Krauze）导演的作品《在基加利唱歌的鸟》中的出色表演共同获得"最佳女演员奖"，而此电影节是整个中东欧地区最具影响力的电影领域的盛事。在威尼斯举办的第 74 届国际电影节上，由埃尔维拉·尼维娅（Elwira Niewiera）和彼得·罗索沃夫斯基（Piotr Rosołowski）执导的《王子与恶灵》作为最佳纪录片获得了"威尼斯经典奖"。

此外，由波兰电影协会参与资助的许多电影曾获得过巴伐利亚电影奖、捷克电影评论家奖、捷克狮子奖，并且还获得过相关电影艺术与学院奖的提名，包括 Césars、德国电影奖、以色列电影学院奖、英国国家电影奖和 2017 年欧洲议会勒克斯奖等。由波兰电影协会支持的少数合拍作品，如沙鲁纳斯·巴塔斯（Šarūnas Bartas）的《霜》、雷纳·萨内特（Rainer Sarnet）的《11 月》和哈夫斯坦·甘纳尔·西格森（Hafsteinn Gunnar Sigurðsson）的《树下》，分别成为立陶宛、爱沙尼亚和冰岛等电影节重要奖项的有力争夺者。

在世界各地的电影节上，人们还经常可以看到波兰短片、动画电影以及纪录片的身影。2016 年，波兰的纪录片在国际电影节上出现近 430 次，斩获超过 80 个奖项。波兰纪录片还曾作为莱比锡国际纪录片电影节、的里雅斯特电影节和中国广州国际纪录片电影节的特邀展映作品。波兰的电影艺术家还曾入围"奥斯卡奖"并获得过"欧洲电影奖"的提名。除了重要的电影节赛事，波兰短片还曾作为葡萄牙维拉杜孔德（Curtas Vila do Conde）音乐节、德国雷根斯堡国际短片周和韩国首尔国际动漫节（Seoul International Comics and

Animation Festival，SICAF）的特邀展映作品。2017 年，波兰纪录片在纽约、的里雅斯特、维尔纽斯、釜山和威尼斯的各大电影节上获奖，短片在戛纳、洛杉矶、多伦多和圣克鲁斯的电影节上广获好评。波兰动画也在世界最重要的动画电影节上大放异彩。多洛塔·科别拉和休·韦尔什曼执导的《至爱梵高·星空之谜》获得了"欧洲电影奖"的提名。

2017 年，就波兰电影艺术而言，是女性电影人大放光彩的一年。阿格涅丝卡·霍兰、亚历山德拉·波夫斯卡、多洛塔·科别拉、埃尔维拉·尼维娅（Elwira Niewiera）、安娜·扎梅卡（Anna Zamecka）、索菲亚·科瓦莱夫斯卡（Zofia Kowalewska）、雷纳贻贝（Renata Gąsiorowska）和玛塔·帕杰克（Marta Pajek）等女性导演，以及乔维塔·布德尼克、米哈利娜·奥尔桑卡（Michalina Olszańska）和玛格达莱娜·贝鲁斯（Magdalena Berus）等女演员都在国际重要的电影节中获得了知名奖项。由玛丽亚·萨多斯卡（Maria Sadowska）导演的《爱的艺术——米哈利娜·维斯洛克的故事》票房大卖。共有 10 名波兰女导演的电影获得了第 42 届格丁尼亚电影节电影大赛的参赛资格。

同时波兰每年也举办华沙国际电影节、格丁尼亚电影节等，以此鼓励优秀波兰国产电影的发展。其中波兰本土格丁尼亚电影节的发展格外引人瞩目，2017 年在 17 部参赛作品中，有多达 8 部是首次登台。在"视觉分离"的竞赛中，2/7 的电影首次亮相。彼得亚雷·多玛列夫斯基（Piotr Domalewski）导演的第一部作品《平安夜》（*Silent Night*）还获得了金狮奖。

（三）波兰成为重要的电影拍摄地

尽管没有相关税收政策的具体规定，但波兰依然被美国、德国、英国、法国、荷兰、比利时、韩国等国家摄制组选择作为拍摄地。与此同时，波兰政府也在电影制作、融资、宣传、海外推广等方面为国际影片提供直接与间接的支持，其中包括组建区域电影委员会和区域电影基金，以及通过波兰电影协会提供资金支持等。2017 年，波兰电影协会为业务项目框架内的活动拨款 1.375 亿兹罗提，其中 0.94 亿兹罗提被用于电影制作，0.25 亿兹罗提被用于电影教育及电影文化宣传，600万兹罗提被用于电影事业的发展，800万兹罗提被用于波兰电影的海外推广。

（四）儿童电影发展受重视

为了发展儿童电影艺术，更好地发挥电影艺术在儿童教育中的作用，自2016年起波兰电影协会专门拿出一部分资金扶持儿童电影艺术的发展和儿童电影的制作。为了刺激电影市场中的某些特定板块的发展，波兰电影协会同时也将部分资金分配给少量联合制作的电影。自2017年起，波兰电影协会还成立了专门的委员会来评估低成本剧情片的申请。

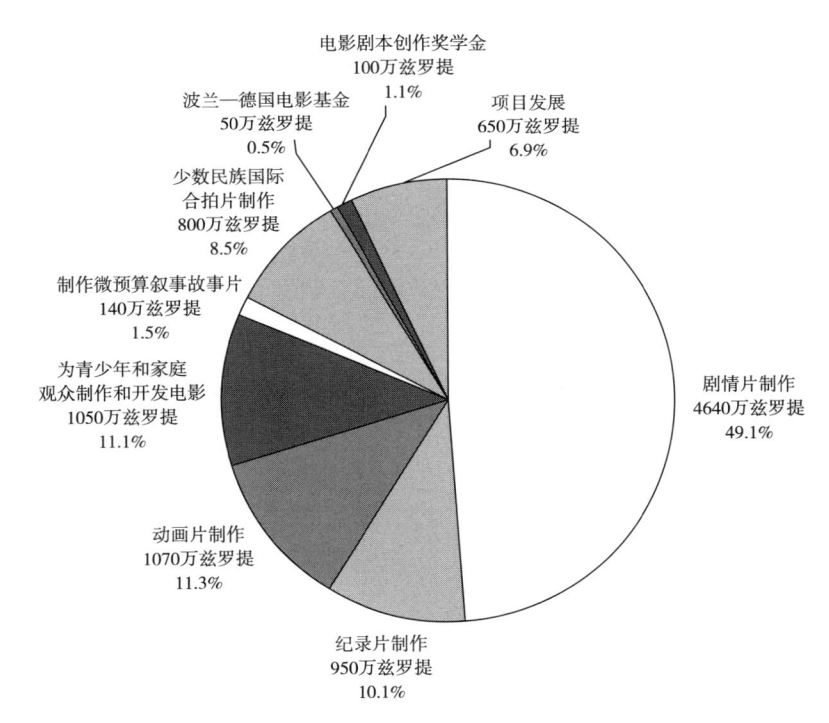

图8-1 2017年波兰电影协会电影制作业务项目注资分配情况（计划中）

资料来源：波兰电影协会（Polish Film Institute）相关统计数据。

三 波兰文化贸易概况

（一）波兰对外货物贸易现状

2017年，据欧盟统计局统计，波兰货物进出口总额为4616.0亿美元，相比于2016年提升了15.4%。其中，出口额为2310.1亿美元，同比增长了14.1%；进口额为2306.0亿美元，同比增长了16.9%。贸易顺差达4.1亿美元，同比减少了92.2%。[①]

由表8-1、表8-2可见2017年波兰主要贸易出口国前五位依次是德国、捷克、英国、法国和意大利，主要贸易进口国前五位依次是德国、中国、俄罗斯、荷兰和意大利。波兰主要贸易国家以欧盟国家为主。前五大逆差来源地依次是中国、俄罗斯、荷兰、比利时和韩国。同时，根据2017年中波贸易数据统计，中国是波兰第二十一大出口国和第二大进口国。[②]

表8-1 2017年波兰主要贸易出口国

单位：亿美元，%

国家	金额	同比增长	占比
德国	633.2	14.4	27.4
捷克	147.9	11.3	6.4
英国	146.9	10.1	6.4
法国	129.0	17.7	5.6
意大利	113.1	16.1	4.9
荷兰	101.3	11.9	4.4
俄罗斯	70.3	22.0	3.0
瑞典	64.0	9.3	2.8
西班牙	62.3	13.9	2.7
美国	62.2	29.7	2.7

资料来源：欧盟统计局数据。

[①] 欧盟统计局数据，https://ec.europa.eu/eurostat。
[②] 《2017年波兰货物进出口额4616亿美元》，中华人民共和国商务部网站，http://pl.mofcom.gov.cn/article/jmxw/201808/20180802773565.shtml。

表 8-2　2017 年波兰主要贸易进口国

单位：亿美元，%

国家	金额	同比增长	占比
德国	642.1	15.2	27.8
中国	184.7	18.6	8.0
俄罗斯	146.9	29.2	6.4
荷兰	137.7	17.0	6.0
意大利	122.3	17.8	5.3
法国	96.0	16.3	4.2
捷克	92.7	15.9	4.0
比利时	84.8	17.6	3.7
英国	63.5	11.7	2.8
斯洛伐克	55.3	2.9	2.4

资料来源：欧盟统计局数据。

（二）波兰对外服务贸易

2016 年，波兰服务贸易出口总额 498 亿美元，同比增长了 10.4%；进口总额 342.4 亿美元，同比提升了 3.7%。波兰对中国服务贸易出口 2.4 亿美元，自中国进口 3.3 亿美元。波兰服务贸易进出口主要集中在交通运输、旅游以及商业服务等领域，其文化娱乐服务进出口规模仍有待提升（见图 8-2、图 8-3）。

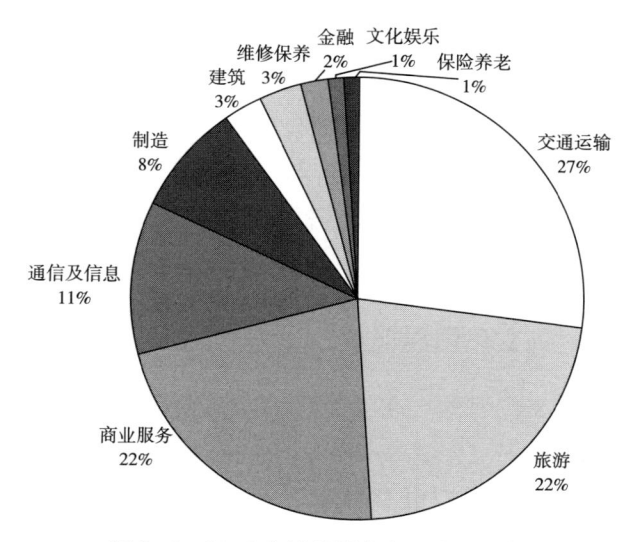

图 8-2　2016 年波兰服务贸易出口结构

资料来源：《对外投资合作国别（地区）指南——波兰》。

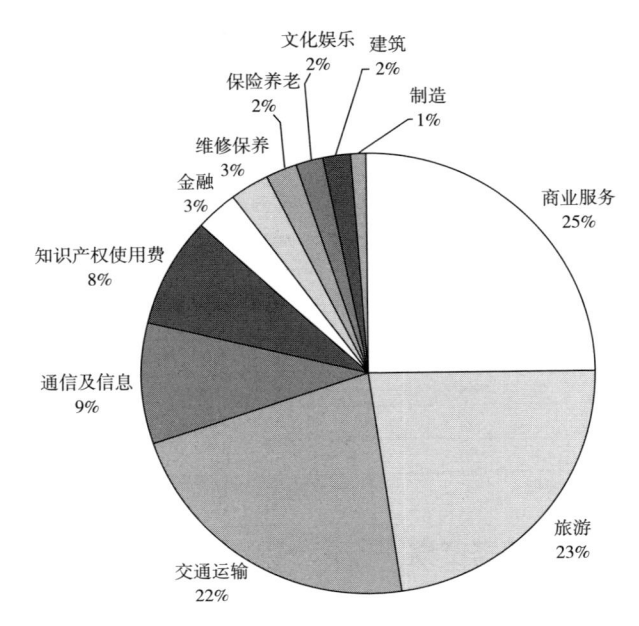

图 8-3　2016 年波兰服务贸易进口结构

资料来源：《对外投资合作国别（地区）指南——波兰》。

据波兰央行最新数据，2018 年波兰服务贸易出口额相较于 2017 年增长了 14%，是货物贸易出口增速的两倍，服务贸易顺差高达 222 亿欧元，同比增长了 18.9%（42 亿欧元）。2015 年至 2018 年，波兰服务贸易出口共计增长了 45%，高于货物贸易出口 25% 的增幅。同时，高速增长的服务贸易出口也使得波兰在这方面高于世界平均水平。2018 年世界贸易组织报告发布的数据显示，波兰在 2018 年全球服务出口排名中居世界第 25 位，其服务出口额占全球服务出口额的 1.2%。

（三）波兰对外文化贸易现状

2018 年，波兰文化创意产品的出口额为 151.565 亿兹罗提，比 2017 年减少了 1.9%。然而，波兰文化创意产品的进口额却有所增长。2018 年，波兰文化创意产品的进口额为 106.151 亿兹罗提（与 2017 年相比增加了 5.473 亿兹罗提）。2018 年，波兰文化创意产品贸易顺差为 45.414 亿兹罗提（2017 年为

53.741亿兹罗提）。这一数据证实了近年来波兰的文化创意产品贸易规模日益增长的积极趋势。

就具体产品种类而言，波兰文化创意产品的进出口主要分布在以下领域：视听与多媒体艺术（例如电影胶片、磁盘和磁带、用于激光阅读系统的光盘、光盘和DVD）、图书与出版（包括报纸、书籍、地图、小册子），以及广告（包括商业广告、图片、图纸和照片等）。而广告类别是波兰贸易顺差比值最大的领域（出口额是进口额的5倍以上）。图书与出版（284%）和视觉艺术（236%）领域也都有较高的贸易顺差比值。贸易逆差主要集中在以下领域：视听与多媒体艺术（-1.4亿兹罗提）、演艺（-9400万兹罗提）、文化遗产（-3650万兹罗提）和美术工艺（-10万兹罗提）。

在整个波兰对外贸易的结构中，文化创意产品贸易不是最重要的类别，其出口额只占对外出口总额的1.6%，进口额仅占进口总额的1.1%。至于文化创意产品的贸易方向，此类产品的最大出口国是欧盟国家（占出口的93.8%）。与此同时，波兰也从欧盟国家进口了最多的文化创意产品（占波兰文化创意产品进口总额的42.0%），此外也从发展中国家（占32.6%）进口了较多的文化创意产品。

2018年，波兰对外文化创意服务贸易出口额为109.614亿兹罗提，文化创意服务进口额为101.601亿兹罗提。与2017年相比，波兰文化创意服务的对外贸易增加额要高于其文化创意产品贸易。波兰文化创意服务进出口额均增长了15.5%，贸易顺差为8.013亿兹罗提。占波兰文化创意服务出口最大份额的是广告（86.5%）和视听与多媒体艺术（6.2%）。进口在以下领域更为突出：广告（54.5%）、视听与多媒体艺术（32.7%）（见表8-3）。

表8-3　2018年波兰对外文化贸易情况

单位：百万兹罗提

文化领域	文化创意产品		文化创意服务	
	出口	进口	出口	进口
总计	15156.5	10615.1	10961.4	10160.1
文化遗产	12.5	49.0	363.1	149.5
图书与出版	6011.0	2115.9	107.3	492.9

续表

文化领域	文化创意产品		文化创意服务	
	出口	进口	出口	进口
视觉艺术	202.4	85.9	—	—
建筑	2.4	1.3	186.3	157.4
演艺	137.6	231.6	139.1	499.0
视听与多媒体艺术	7810.3	7950.3	681.9	3325.7
广告	979.4	180.2	9483.7	5535.5
美术工艺	0.8	0.9	—	—

资料来源：波兰统计局（Statistics Poland）相关数据。

与文化创意产品贸易相比，文化创意服务贸易在波兰的对外服务贸易中具有较大的意义，它们分别占对外服务进出口总额的4.4%和6.4%。波兰文化创意服务主要出口欧盟国家（69.5%），大部分进口（80.2%）也来自欧盟国家。

第九章
重点行业市场发展现状

一 广播电影电视领域

（一）波兰电影市场发展繁荣

2016年波兰共售出1300万张电影票，占到波兰全国电影市场份额的24.96%。票房收入达到新的高度，票房利润达到9675万兹罗提，电影平均票价为18.58兹罗提，观影人数达到5200多万人次（见图9-1）。单部影片最高观影人次达270万（波兰2016年人口为3794.8万人），2017年仅1~10月观影人次就已经超过870万。

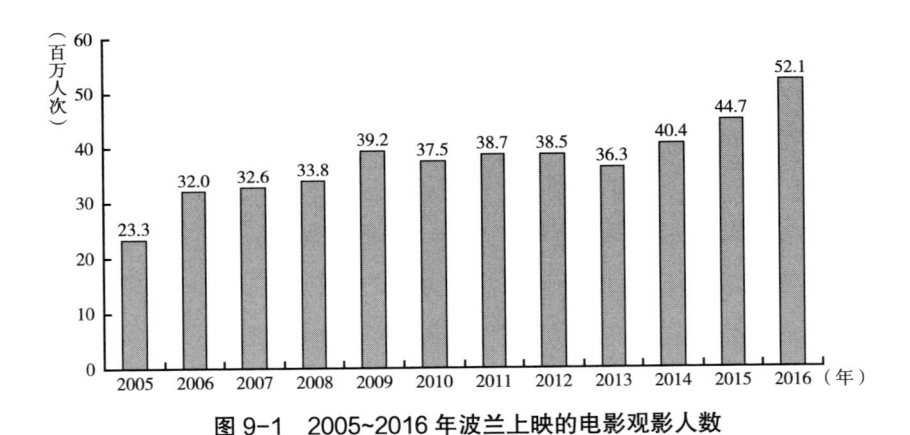

图9-1　2005~2016年波兰上映的电影观影人数

资料来源：boxoffice.pl 相关数据。

2016年的波兰电影可媲美美国大片，单部吸引超过100万名观众的影片数量达到5部。最受欢迎的电影是《斗牛犬》。帕特里克·韦加执导的《危险女人》共吸引了270万名观众，米佳·奥康（Mitja Okorn）执导的《单身星球》俘获了190万名影迷，沃吉西奇·斯玛佐斯基执导的《沃伦》获得了巨大的成功，卖出了140万张电影票。由于马里乌什·帕莱杰执导的《幽蓝幻境》吸引了超过 24.4 万名影迷，波兰家庭电影的前景也一片光明。2016 年，全球共有 357 部电影上映，其中有 49 部来自波兰。

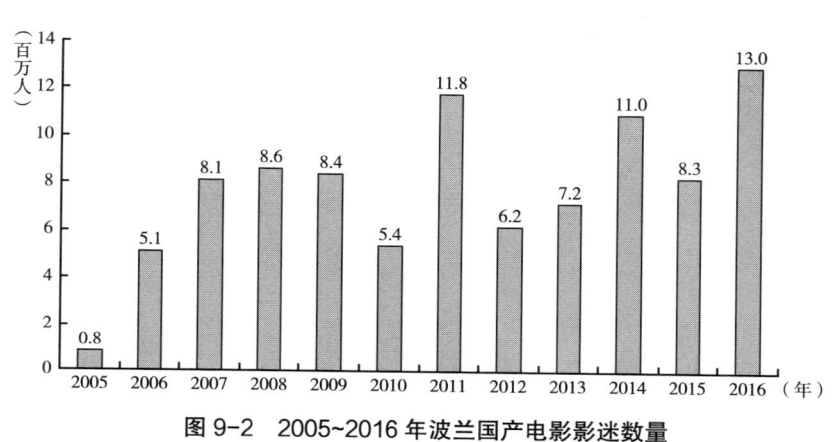

图 9-2　2005~2016 年波兰国产电影影迷数量

资料来源：boxoffice.pl 相关数据。

截至 2017 年 10 月 22 日，共有 870 万名影迷观看了波兰电影，在票房排行榜位居第一的是帕特里克·韦加执导的《美容针》，吸引了超过 200 万名观众。从 2017 年最后两个月进行首映的电影，比如卢卡斯·帕勒科斯基执导的新电影《突破极限》、大热电影《真爱圣诞节》第三部，以及获得了波兰金狮奖、由彼得亚雷·多玛列夫斯基执导的《平安夜》来看，波兰电影的总体上座率至少不会差于近年来的表现。

（二）网络成为波兰电视台发展的重要平台

1. 网站帮助电视台扩大了影响

20 世纪 90 年代末，波兰公共媒体网站开始发展。2000 年，波兰公共电视台开始提供网络服务。起初这些网站只具备"导航"网站功能，内容只包含公司名称、地址、董事会等必要信息。此后，网站上又出现了节目和主播的信息。渐渐地，网络直播（例如线上电台直播节目）、点播节目等越来越多的多媒体增强服务也开始出现。

过去十年中，波兰媒体在互联网领域的融合发展有了重大进展。以波兰公共电视台为例，2010 年推出了 TVP.pl 网站，不仅提供播出节目的信息，同时还提供图书馆视频点播服务。很快波兰公共电视台又推出了 Vod.tvp.pl 播放平台，目前共有超过 43500 个节目在该平台上播出，内容涵盖资料档案、当代作品、故事片、纪录片、实况报道以及新闻等不同题材。近年来，播放平台也着重强调扩大体育、文化以及新闻等各项活动直播的覆盖范围。2016 年波兰各大播放平台上共有 5212 个节目报道了各类重大事件，报道内容包括了世界青年节、欧洲足球锦标赛、里约热内卢夏季奥运会、欧洲歌手大赛及欧洲青年歌手大赛、第 15 届国际亨利克·维尼亚夫斯基小提琴大赛、年度青年音乐家大赛、第 53 届国家波兰歌曲节、波兰受洗 1050 周年、独立日庆典以及士兵国家纪念日等。

同时，波兰公共电视台还特别投资设立了专题网络频道，其中包括 TVP 议会频道，该频道 2016 年日常观众数达到 2637938 人。为纪念特殊事件，TVP 也在网络上播出了相应的特别节目，例如"TVP—波兰独立 25 周年""TVP 地区台—追随若望·保禄二世的脚步""TVP 航海节目""TVP—两大剧院节日""TVP—肖邦""WYD TVP—2016 世界青年节""TVP—波兰国家洗礼节目"等。其他多媒体项目也在不断开展，如在线校园剧院（自 2012 年来已有 55 场戏剧演出，观众数量已超过 510 万人次），其附加业务还包括提供戏剧素材以及移动端的转播服务。上述 TVP 业务大受市场欢迎,2010 年网页访客量约有 200 万次，2015 年平均每月访客量达到 390 万次，而 2016 年则到达了 510 万次。

自 2015 年起，波兰中央电视台推出使用网络电视（Hbb TV）技术的混合电视媒体业务。通过与互联网实时连接，电视频道可为观众提供与节目内容相关的扩充信息。在欧洲足球锦标赛期间，此项业务首次投入应用，观众在观看比赛同时，还能查看足球技术数据统计、球员信息、相关场外信息调查及旁白解说。2016 年，有关统计表明该平台用户数量不断增长。自 2015 年 12 月至 2016 年 12 月，用户数量从 1842069 人增长至 32621882 人。

2. 移动设备成为不可或缺的网络传播端口

自 2012 年起，波兰中央电视台逐渐推出越来越多的移动端软件。2012 年推出了智能电视（Smart TV）软件，2013 年推出了央视媒体流（TVP Stream）软件，2015 年则推出了电视字母表（Telewizyjne Abecadło）和 TVP ABC 烹饪（Gotowanie with TVP ABC）两个软件。截至 2015 年 12 月，TVP Stream 在安卓客户端的下载次数达到 10 万次以上，至 2016 年 12 月超过 16 万次；2016 年在 iOS 客户端下载次数累计达 7000 次，自发布以来下载次数累计达 17.7 万次。电视台第二大软件 TVP.pl 截至 2015 年 12 月在安卓客户端下载量将近 19 万次，至 2016 年 12 月达 20.8 万次；2016 年在 iOS 客户端下载次数总计超过 2.3 万次，自发布以来下载次数达 14.1 万次。2011 年，波兰广播电台也发布了适用于安卓、iOS 及微软 Windows 系统的平板电脑和智能手机的移动客户端软件。至 2016 年底，该软件用户数量已经超过了 38.5 万人。这一平台为用户提供了享受波兰广播电台的媒体流、新闻业务等服务以及收听图书广播电台（Mojepolskieradio.pl）出品的专题频道的机会。

大部分地方广播电台也发布了移动客户端软件，用户能通过软件享受收听节目、在线音频或视频等服务。此类软件加深了用户和编辑团队之间的联系，使其变得更加紧密。用户可以和管理者进行信息交互，也可以上传一些有趣事件的图片及视频材料。编辑团队接收到这些材料后可以进行挑选、编辑加工并将其播出，或是放在网站页面上供用户浏览。通过这种方式，用户也可以成为节目的合伙制作人。

（三）互联网给广播行业带来了新的机遇和挑战

影响媒体发展的因素有很多，其中最重要的一点是科技的进步。近年来，科技的进步已成为节目制作的主要影响因素，使节目制作从单一平台模式向多类目创作模式转变。在广播领域，互联网的发展引发了多个领域的转变：内在改变体现在启用数码制作及播放模式，重新构建了媒体与受众之间的沟通方式；外在改变则体现在市场竞争的日趋激烈。公共媒体放弃了原先使用的技术，从模拟器转向了数字技术，由此带来广播信号质量的提升，节目内容也越来越多地接入网络社交平台等新媒体领域，并且与移动设备有了越来越多的结合。

1. 数字广播技术普及

1994 年，波兰广播电台开始首次提供网络电台服务，1996 年至 1999 年间，地方电台也开始陆续进军网络电台领域。自 2013 年 7 月 31 日起，波兰公共电视台（TVP）的所有频道在全国范围均采用数字信号广播技术，观众们因此能收看种类更丰富的节目（更多的频道），节目的质量也有所提升。此后一个月，广电中心将地方频道的播放时长从每日3.5小时延长至5小时，以此取代了原先的独立运营频道TVP INFO；同时，所有地区都能收到一个全新的15小时联播的节目。地方频道的播放时长近些年来在逐渐增加，截至2016年，每日播放时长可以达到5小时45分钟。此外，在TVP ABC频道开播一年后的2013年，TVP又开通了TVP Rozrywka频道（娱乐台）。

2013年10月1日，波兰广播电台及地方公共电台决定启用数字信号广播（DAB+）。这一举措实施三年后，公共广播开始通过FM调频频道播出，同时广播电台也推出了只能通过DAB+收听的频道。目前，听众通过数字广播可以收到5个全国广播频道、17个地区广播频道和9个其他类型频道（包括DAB+和互联网广播）。

波兰广播电台在播的DAB+频道主要有：

第四（Czwórka）频道　是以青年群体（包括学生及初入职场的年轻人）为主要受众的频道，注重教育、就业市场以及前沿科技相关信息，自2016年9月1日起可通过DAB+收听；

波兰儿童电台（Polskie Radio Dzieciom）频道　是一个亲子频道，主要内容是儿童剧、故事及教育节目，这一频道也播出与儿童培养及亲子关系相关的交流讨论、报告、评论及咨询类节目，主要面向成人听众；

波兰广播节奏（Polskie Radio Rytm）频道　是DAB+平台上的音乐频道，播放当下最热门歌曲，尤其是过去三十年中波兰的经典歌曲。

地方电台的数字调频频道有：

克拉科夫广播电台（OFF Radio Kraków）　是一个音乐文化频道，专注于时下潮流、文化现象、生活方式及教育领域，这是一个面向对文化及音乐娱乐有"更高维度"兴趣的年轻听众的频道；

什切青广播电台（Radio Szczecin Extra）　是面向18~30岁人群的音乐文化频道，全天播放，主要内容是近期的文化活动和重要事件，也涉及波兰国内外的优秀流行音乐作品；

弗洛兹瓦夫广播电台（Radio Wrocław Kultura）　全天播放，内容涵盖各种文化活动，这一频道是在弗洛兹瓦夫的艺术家及年轻的艺术推广者合作之下共同建立的，特别关注作为欧洲文化中心的弗洛兹瓦夫的当地文化；

克拉斯卡电台（Radio Klasyka） 是于 2016 年 4 月 1 日新推出的互联网古典音乐频道，全天播放，该频道内容有音乐会、庆典及音乐赛事集锦，目前该频道还在不断扩充节目板块。节目内容除古典音乐外，也涉及世界音乐新闻、波兹南音乐类活动日程及艺术家（包括独奏者、指挥家及作曲家）访谈等。

2. 数字电台积极开展附加业务

数字电台出现后，随之而来的不仅有新的节目，同时也有电台借助电子设备提供的附加业务。波兰广播电台及各地方电台提供下列附加业务：动态标签分类（DLS）服务——节目信息滚动描述；幻灯片系统（SLS）服务——用于幻灯片展示；档案服务——按层次结构分类文本信息，一方面可将其视作文字电视广播，另一方面提供了按栏目分类的简洁版本的网页，便于快速检索；电子节目导览（EPG）服务——提供广播节目的电子导览。

波兰地方广播电台附加业务的具体情况如表 9-1 所示。

表 9-1　地方广播电台附加业务

公司	DLS 服务	SLS 服务	EPG 服务	档案服务
比亚韦斯托克电台				
格但斯克电台	√			
卡托维兹电台	√	√		
科沙林电台	√	√		
克拉科夫电台				
卢布林电台				
罗兹电台	√	√	√	√
水星电台	√			
奥尔什丁电台			√	√
奥波莱电台	√	√		
Pik 电台	√	√		
RDC 电台				
热舒夫电台				
什切青电台	√	√		√
弗罗茨瓦夫电台	√	√	√	√
西部电台	√	√		

资料来源：笔者自制。

随着电台提供的附加业务数量的不断增加，其在开拓附加业务方面也展现了巨大的潜力。提供此类服务的电台数目相较 2015 年有所上涨：2015 年只有 5 家电台提供此类服务——罗兹电台、弗洛兹瓦夫电台、科沙林电台、什切青电台及水星电台，2016 年又增加了 6 家电台——格但斯克电台、卡托维兹电台、奥尔什丁电台、奥波莱电台、Pik 电台及西部电台。

截至 2017 年，数字广播的受众达 2130 万人（占人口总数的 55.6%），覆盖地区的面积达 103000km²（占国土总面积的 33.0%）。数字电台发展的最终目标是覆盖波兰 99.5% 的国土，使尽可能多的公民都能使用 DAB+ 广播服务。

3. 互联网成为电台推广的重要平台

波兰每一年的电台听众人数都在增长，从 2010 年的 80 万人增至 2016 年的 2650 万人。波兰广播电台的网站上会发布波兰本国及世界各地的新闻，同时也有节目简介和信息服务。网站会定期更新与历史事件内容相关的页面，发布的页面内容包括华沙起义、八月工潮、华沙战役等重要历史事件。这些资源中除了文字内容，还含有相关的历史学家评论及音频视频资料。一些页面还附有有声图书，一定程度上有利于丰富听众社会历史层面的知识。例如，在介绍华沙战役的页面上，附有由耶日·拉齐维沃维奇（Jerzy Radziwiłowicz）朗读的 J. 麦凯维奇（J. Mackiwicz）的小说《闲置》（Lewa wolna）以帮助听众更好地了解这段历史。截至 2017 年，各网页上共有 67 万份音频资料和 2.2 万份视频资料。

除以上提到的业务外，另一个为听众提供重要服务的网络平台就是 2010 年建立的 Mojepolskieradio.pl 网站，它包含了波兰广播电台 7 个频道的媒体流以及其他 47 个专题电台，还包括自由欧洲之声档案资料、自由之声电台等。平均每周会有 15 万名用户使用这一服务。

2010 年至 2016 年，地方公共电台的网络服务有了重大发展，这些电台的网页更加专注地方问题的报道。这一业务的快速发展吸引了大量用户（年访问量最高可达到 230 万次），其地区信息资源也获得了高度认同。这种高效的组织形式和广泛的信息传播方式的成形，得益于 2012 年自主编辑部的成立，以及新媒体行业雇用的高层次专家、记者、IT 技术人员及平面设计师的积极参与。近年来，电台网站在视频资源方面的发展尤为显著。视频资料能更直观地解读相关信息并丰富新闻、体育、文化及科教频道的内容，越来越多的电台也通过网页开展相应业务。同时，大众媒体的服务渠道也并不局限于他们各自的网页。许多媒体通过脸书（Facebook）、优兔（YouTube）、推特（Twitter）和色拉布（Snapchat）等平台进行相关业务的推广。

（四）建立波兰大众媒体信息库推动广播影视产品的传播

波兰计划搭建一个数字视听资料的交互系统，以建立大众媒体数字图书馆。该项目有两个明确的目标：首先，实现各公共媒体间的互联网联通，让波兰的电台及电视台收集的数字音频及视频资料能够实现交互；其次，建立公共媒体电子图书馆系统，并对所有用户开放，这有利于将节目推向更广泛的群体，并扩充各领域的内容。

大众媒体信息库是波兰最大的视听资料库，其包含了科学、教育、社会政治、娱乐、文化及体育等各类节目。拓宽大众媒体节目的获取渠道有助于波兰的社会发展及文化潜能的开发。然而值得重视的是，由于有较多法律因素限制，尤其是1994年前的资料版权问题，想要普及此类服务困难重重。目前的解决方案是制定新的法律，尤其是对与版权相关的条款进行重新修订。

（五）波兰广播影视行业面临双重挑战

波兰广播影视行业也正面临着来自市场的挑战。自2014年以来，即使波兰广播电视委员会也需要定期缴纳营业执照费，以支持新媒体领域公共传媒的发展（见图9-3）。2014年至2016年间，波兰全国广播电台支付的营业执照费平均只覆盖了63%的新媒体活动费用，而地方电台支付的营业执照费平均只覆盖了66%的新媒体活动费用。波兰中央电视台因此还需要广告收入来付清新媒体活动费用。这些情况表明，目前新媒体的市场化程度还不够。

同时，随着大众对媒体的要求越来越高，新媒体内容发展也面临重重挑战。当今的媒体因互联网服务和云端技术快速的发展而发展。而信息时代虚拟世界架构的不断扩展，也将从本质上改变节目制作、播出及观众收看节目的方式，节目的内容也将逐渐朝个人定制化方向发展。

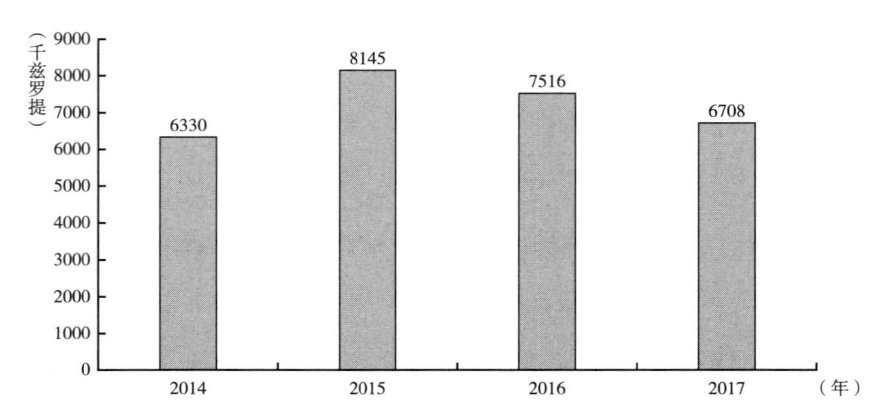

图 9-3　2014~2017 年波兰用于新媒体发展的营业执照费规模

资料来源：笔者自制。

二　表演艺术领域

（一）音乐领域市场份额快速增长

1. 波兰国内、国际音乐市场规模扩大

根据国际唱片业协会（IFPI）发布的数据，2016 年全球唱片业收入为 157 亿美元，比 2015 年上涨 5.9%，这是自 1997 年国际唱片协会开始记录市场信息以来历史最高的增速，其中数字音乐的销售收入首次占据市场收入的一半多。增速最快的国家是印度（26.2%）、墨西哥（23.6%）和中国（20.3%）。数字内容分销业务的发展，尤其是流媒体订阅服务的发展，提振了全球唱片业的发展。波兰音乐市场在 IFPI 全球市场排名中居第 22 位。

根据波兰唱片协会的数据，2016 年波兰在全球和国内市场的音乐产业收入都有所增加，数字音乐和音像制品的销售量始终主导着波兰市场的发展。波兰唱片业协会提供的数据显示，2016 年波兰唱片业收入增长了 6.5%，唱片业零售额达 3.5 亿兹罗提。波兰音乐的海外销售收入预计将达到 2210 万兹罗提，相比于其他国家而言，数值仍较小。各类音像制品中 60% 为波兰艺术家专辑，29% 为外国艺术家专辑，10% 为汇编辑，1% 为电影配乐专辑。销售量增长最多的音乐载体还是黑胶唱片（相比于2015年，2016年波兰黑胶唱片销量增长了29.11%，国外增长了23.3%）。

而在数字音乐发行领域，波兰居全球音乐市场第36位。相较于数字音乐市场中的其他类别，数字音乐媒体服务最为流行，大约占据了数字音乐市场80%的份额。2016年，波兰接近13%的数字音乐下载来自互联网。相比于2015年，这个数字下降了大约20%。8.15%的数字音乐是通过手机及其他电子产品下载的（见图9-4）。互联网和全新的数据载体的应用，比如数字文件和数字流，直接影响了音乐的发行，也给音乐市场带来了巨大的变革。音乐脱离了对音乐记录实体载体的依赖，也就意味着节省了制作、运输产品的成本，音乐的海外传播变得更加便捷，相应的全球音乐市场的竞争也愈发激烈，音乐推广的重要性日益凸显。

从音乐类型的角度来看，古典音乐的销售收入保持多年的稳定，其仅在5%的范围内波动。相比于古典音乐会等现场音乐服务消费，波兰消费者更倾向于购买古典音乐音像制品。波兰音乐与舞蹈协会和舆论研究所联合调查的结果显示，40%的受访者2016年没有听过古典音乐，18.2%的受访者至少到访过一所音乐厅，7.9%的受访者听过一次现场音乐会，仅有2.4%的受访者多次听过。而在传统音乐领域，参加过一次、几次、多次音乐会等露天活动的受访者的比例分别为12.6%、24.5%、4.7%。这项研究还证明了听古典音乐和教育水平之间有着密切的关系。只有5.2%的受过中小学教育的受访者现场听过古典音乐会，而43.6%的受过小学教育的受访者和45.5%的受过职业教育的受访者至少在家里听过这种音乐。另一方面，在高等教育毕业生中，参加过音乐会的比例为40%，而在家里听过古典音乐的比例为81.1%。

表9-2 2016年波兰音乐市场价值

单位：兹罗提，%

分类	价值	市场份额	2016年与2015年相比
整体市场	249790748	100	7.85
数字销售额	63845033	26	17.85
实体销售额	185945715	74	4.87

资料来源：ZPAV，http://www.zpav.pl/aktualnosc.php?idaktualnosci=1520。

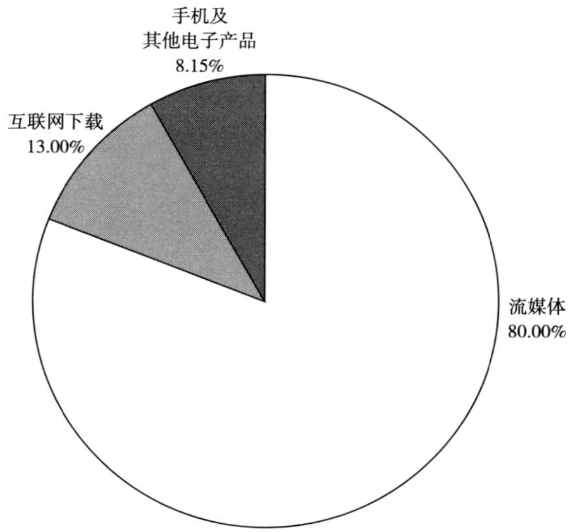

图 9-4　2016年波兰数字音乐市场结构（按销售渠道划分）

资料来源：ZAPV。

2. 音乐类型多元化发展

2016年，波兰歌剧艺术家在国际上也取得了进一步的成功。瓦格纳的歌剧《特里斯坦和伊索尔德》由马里乌斯·特林斯基（Mariusz Treliński）执导，西蒙·拉特尔（Simon Rattle）、妮娜·斯特姆（Nina Stemme）和斯图尔特·斯凯尔顿（Stuart Skelton）担任主演，在纽约大都会歌剧院开启了2016/2017年度巡演季。另一项具有真正欧洲风情的活动是歌剧《罗恩格林》在德累斯顿国家歌剧院的5月巡演。安娜·内特雷布科（Anna Netrebko）和彼得·贝克扎拉（Piotr Beczała）在其中第一次表演了瓦格纳的角色。2016年，当代波兰歌剧在全球以超越流派，倾向于使用不同寻常的环境和叙事、表演和装饰而著称。这种倾向在节庆盛典上表现得尤为突出，例如斯瓦沃米尔·沃希乔斯基（Sławomir Wojciechowski）的《亚伦S》（*Aaron S*）、华沙之秋艺术节上马尔塔·尼亚迪（Marta Śniady）的《备忘录》（*Memoopera*）、贾戈达·什米特卡（Jagoda Szmytka）的《狂欢》（*RêveRave*）和皮特·库雷克（Piotr Kurek）的《古代围裙的常青藤雪跟踪者》（*Ivy Snowstalkers of Ancient Apron*），还有沃伊切赫·布莱查兹（Wojciecha Blecharz）的《公园歌剧院》

（*Park-Opera*）和《音响工厂》（*Soundwork*）等舞台剧作品。保罗·迈基埃廷（Paweł Mykietyn）因其歌剧作品《魔幻山》而荣获波兰作曲家联盟2016年度大奖，这是"当代波兰音乐全景中一个重要的标志"。而杰出的作曲家和歌手阿加塔·祖贝尔（Agata Zubel）则是被授予了2016年波兰音乐节合唱团主唱奖。

2016年波兰爵士乐的标志性事件当数音乐天才弗罗布列夫斯基（Wróblewskio）的发迹。直到最近，他的创新性的音乐理念才得到认可，并且被视为规范而得到广泛的接受。例如他主张使用本土民间传说，在古典音乐中寻找灵感，利用多样化的形式发展电子音乐等。2016年恰逢弗罗布列夫斯基80岁，他在波兰各地举办了周年音乐巡回演唱会。

在波兰流行音乐领域，2016年最为流行的音乐毫无疑问当数嘻哈音乐。说唱艺术家和制作人亚当·奥斯特罗夫斯基（Adam Ostrowski）（又名O.S.T.R.）发行的《死后的生活》（*Life after Death*）成为最畅销的波兰音乐专辑。

3. 音乐与其他行业融合发展

在流媒体中，电影《巫师3：狂猎》（*Witcher 3：Wild Hunt*）中由马尔辛·普尔兹比洛维奇（Marcin Przybyłowicz）创作的配乐最为成功，获得了好几项商业奖项提名，并在IGN（Imagine Games Network）[①]上获得了2016年度最佳原创音乐奖项。

同时，专门为剧场演出创作的音乐也变得更加引人注目。2016年波兰音乐人创作的剧院音乐以其丰富的音乐风格、高超的演奏技巧和众多设计音场方法的灵感而闻名于世。在2016年的舞台剧首映中，音乐既可以作为情感表达的手段，也可以作为剧本的主题。例如在前面提及的沃伊切赫·布莱查兹（Wojtek Blecharz）创作的《音响工厂》（*Soundwork*），不仅是一个由12个人表演的和弦乐四重奏，同时也是一部由凯瑟琳·卡尔瓦特（Katarzyna Kalwat）主演的题为《霍尔兹维格》（*Holzwege*）的剧本，它讲述了音乐极简主义的先驱之一托马斯·西科斯基（Tomaz Sikorski）的生平和其工作的故事。

2016年，波兰音乐家创作的音乐在十余部首映的波兰电影中发挥了重

[①] IGN（Imagine Games Network）是一个多媒体和评论网站，其主要对象为视频游戏，现已发展成为全球规模最大的游戏娱乐媒体。

要的作用。例如电影 Eccentric-on the Sunny Side of the Street 中由沃西切·卡罗拉克（Wojciech Karolak）创作的配乐获得了鹰雕奖，音乐剧 Well played 中由帕维尔·卢维奇（Paweł Lucewicz）创作的音乐，以及2016年的大热电影《单身星球》（Singles Planet）中由卢卡斯·塔尔戈斯（ŁukaszTargosz）创作的配乐也都取得了巨大的成功。

在音乐纪录片中，有两个尤为值得关注：由格热哥兹·布佐佐维奇（Grzegorz Brzozowiczand）执导、安杰伊·科钦斯基（Andrzej Korzyński）演唱的《粗金刚石》（Rough Diamond）以及由马格达莱纳·古巴瓦（Magdalena Gubała）和希蒙·乌利亚斯（Szymon Uliasz）执导的（《内耳》（Inner Ear）。后者讲述了一个关于萨克斯风和单簧管演奏家、作曲家米科拉杰·特鲁斯卡（Mikołaj Trzaska）的传记故事。另外，贾努斯·沃伊塔罗维奇（Janusz Wojtarowicz）为动作片《欢乐的世界》（Joy of the world）所配的电影音乐在格丁尼亚和弗热希尼亚的电影节上都获得了奖项，而米科·拉杰（MikołajTrzaska）在电影《沃希尼亚》（Wołyń）中创作的插曲在2017年波兰电影节上被授予了鹰雕奖和华沙大奖。

4. 传统音乐走出国门

2016年波兰最重要的传统文化活动之一便是6月24日至26日举行的波兰卡兹米日和庆祝维斯洛民间乐队和歌手节50周年的活动。作为周年庆典的一部分，活动举办了一场特殊的音乐会，名为"冠军舞台"（Scena Mistrzów），还邀请了波兰最杰出的民间艺术家参加。此外，还举办了一场露天音乐会，现场演奏了《婚礼游行》和《葬礼挽歌》等知名曲目。这些曲目以前曾在2014年奥斯卡科尔伯格年的最后庆祝活动期间在维托尔德·卢托斯洛夫斯基（Witold Lutosławski）的波兰广播音乐厅演奏过。

值得注意的还有波兰民间艺术家在国外取得的重大成就，如2016年卡佩拉乐队在智利著名的"沃马德"（Womad）音乐节上成功演出。此外，哈巴（Hańba!）、克罗克（Kroke）、达加达纳（Dagadana）、卡佩拉·泽·瓦西·瓦泽瓦（Kapela ze Wsi Warszawa）、亚努什·普鲁西诺夫斯基·康帕尼亚（Kompania Janusza Prusinowskiego）、卡佩拉·马利绍夫（Kapela Maliszów）、ČačiVorba、玛丽亚·波米亚诺夫斯卡（Maria Pomia-nowska）等音乐组合或乐队在海外举办了多场音乐会。

5. 音乐成为重要的教育载体

针对 2017 年波兰 74 个文化机构教育工作所做的研究报告称，在 2016/2017 学年度的所有研究机构中，共有 268 项针对不同目标群体的各种教育活动，其中一半以上是在爱乐乐团中进行的。在爱乐乐团完成的 135 项教育活动中，针对托儿所和小学儿童的比例最高（45%），占比最低的为针对老年人（2%）和教师（1%）的教育活动。由其他交响乐团、音乐剧院和歌剧院组织的活动方面也呈现类似的特征。

（二）舞蹈领域市场化程度低

1. 舞蹈团体丰富多样

波兰的舞蹈以芭蕾舞、现代舞为主要表演形式，全国共有数百个表演团体，近年来舞蹈也走出剧院进入博物馆、文化中心等场所。波兰舞蹈团、剧院主要依靠政府拨款维持运营，离开政府补贴舞蹈团体很难长期自主运营。尽管高度依赖政府资金的支持，但波兰各舞蹈团体在舞蹈内容上一直在尝试创新，探索新的创作方式与表现形式，还在传统歌舞中发起了追本溯源的新传统运动。

波兰现有 22 个公共协会和团体（芭蕾、音乐、歌曲和舞蹈团体）雇用专业舞蹈演员，其中 20% 是外籍人士。音乐剧院中也有部分是由公共补贴资助运营的（如位于华沙的罗马剧院），其他剧院则由私人投资运营（例如布福剧院）。

在这些舞蹈团体中，拥有 80 名舞蹈演员的波兰国家芭蕾舞团在国家歌剧院的框架下运作，并享有独立自主的地位。此外还有 8 个芭蕾舞团与歌剧院相联系（波兹南、克拉科夫、罗兹、什切青、比托姆、比得哥什、弗罗茨瓦夫、格但斯克），另外还有两个现代爵士舞团与歌剧院相联系——波兰舞蹈剧院和凯尔采舞蹈剧院，以及一家哑剧团与哑剧院相联系——弗罗茨瓦夫·亨利克·托马塞夫斯基（Wrocław Henryk Tomaszewski）哑剧院。卢布林舞蹈剧院和科瑞亚剧院也是在卢布林当地政府的赞助下运转的。但曾经处在格但斯克政府管理框架之下，由爱扎多拉·韦斯负责艺术管理的波罗的海舞蹈剧院获得了一定的自主权，并将其名称改为白色舞蹈剧院。

除了上述舞蹈团体，还有一个 400 人的独立的舞蹈团体（包括舞蹈指导和舞蹈演员），其日常运行主要依靠政府的拨款和相关项目的资助，且与国内外相关事项都联系频繁。另外，波兰国家芭蕾舞团和波兰舞蹈剧院还时常为年轻编舞者提供培训项目，但其在培训结束后也会离开自己原本的协会发展事业。

波兰只有一间舞蹈工作室，名为"老酒厂，新舞蹈"，它位于波兹南，植根于后工业化时代，致力于发展当代舞蹈艺术新潮流。另外，还有几家多领域的艺术中心也有意投身这一方向，其中目前最有影响力的是卢布林文化中心，还有新兴的罗兹堡（ROZBARK）舞蹈与运动剧院、罗兹市的科瑞亚剧院、克拉科夫的舞蹈剧院、凯尔采的舞蹈剧院以及格但斯克的扎克俱乐部。此外，重要的组织及团体还包括阿达·冯·布兹洛（Dada von Bzdülöw）剧院、索波特剧院及一家正在运营的独立编舞者集团。波兰舞蹈市场现状呈现编舞者和剧场导演之间合作良好的特征。

波兰很大程度上将精力聚焦在舞蹈节上，其中最古老的舞蹈节已经有 20 年的历史了，知名的舞蹈节有卢布林国际舞蹈剧院节、当代国际"身体／心灵"舞蹈节、罗兹芭蕾盛会等。每年有大约 30 场有关现代舞、传统舞以及芭蕾舞的节日盛典在波兰举行。另外，也会有组织机构组织传统舞蹈的节日，其中最有趣的当数扎科帕内的高地民俗节。新传统舞蹈团体也会组织自己的节日，其中最盛大的是世界玛祖卡节。

由于近些年舞蹈中心、编舞中心等舞蹈基础设施数量锐减，舞蹈表演会被安排在现有的剧团设施内举办。同时，音乐与舞蹈协会与相关舞蹈工作室会在华沙的小剧场内定期合作举办舞蹈演出，主要内容是现代舞及芭蕾舞的表演。在华沙，成立于 2017 年 9 月的舞蹈艺术中心在全球文化中心永久安家，新剧院还包含一个永久性的现代舞计划。

波兰大约每两年都会组织国际性的舞蹈活动，该活动将让来自全球的专业观众观看波兰最有趣的现代舞作品，最新一次活动于 2019 年春天在格但斯克举行。

2. 资金渠道单一

除了由当地资助的协会和波兰国家芭蕾舞团，在波兰进行舞蹈筹资需要依赖官方拨款系统，比如，艺术家需要向文化和国家遗产部、音乐与舞蹈协会、省市级政府提出财政资助及其他特别项目的申请。这导致艺术家会在财务状况不稳定的情况下进行工作，而在这种缺乏长期补助的状况下维持一个艺术团的生计几乎是不可能的。

3. 舞蹈教育体系完整

波兰的舞蹈教育分为普通教育和高等教育。波兰有五家公立的普通芭蕾舞学校，分别位于比托姆、格但斯克、罗兹、波兹南以及华沙。10岁的孩子通过入学考试即可入学一年级，总学制为9年。

在高年级阶段，则由克拉科夫的国家剧院艺术学院、比托姆的舞蹈剧院部、华沙的卓别林音乐大学为学生们提供更具系统性的教育。学生在这里接受芭蕾舞教学，最高还可获得舞蹈理论硕士学位。

私立高等教育学校也提供本科阶段的舞蹈教学，罗兹的人类与经济大学的艺术学部自2008年起还设立了舞蹈—编舞专业的研究生学位。

舞蹈—编舞专业本科阶段的辅助训练由格罗苏娜的音乐学院和罗兹的凯斯图特·巴塞维奇（Kiejstut Bacewicz）学院以及华沙的卓别林音乐大学提供。波兹南的体育教育学院还开设了一个新的本科专业：体育文化中的舞蹈专业。

（三）剧院市场化程度高

1. 民营剧院占比高

根据《波兰剧院2017年鉴》收录的数据，波兰共有847家剧院，分布于全国159个城镇，包括90家戏剧院、67家木偶剧院、38家音乐剧院、96家舞蹈和运动剧院和556家其他类型剧院。其中仅有120家为波兰文化和国家遗产部管理下的国有剧院，其中2家是戏剧院——华沙的国家剧院和克拉科夫的海伦娜·莫杰斯卡国家老剧院，1家是音乐剧院——华沙国家歌剧院。在省级管辖下，有26家戏剧院、15家音乐剧院和2家舞蹈和运动剧院。在市级管辖下，有36家戏剧院、6家音乐剧院、24家木偶剧院、3家舞蹈和运动剧院和4家其他剧院。按表演类型分类，这些剧院可以被分为90家戏剧院（包括64家公共机构）、67家木偶剧院（包括25家公共机构）、38家音乐剧院（包括22家公共机构）和96家舞蹈和运动剧院（包括5家公共机构）。属于"其他剧院"类别的有556家，根据表演类型其不属于上述提到的任何类别。总体而言，波兰剧院市场化程度较高（见表9-3）。

表9-3 波兰剧院按行政机关等级和表演模式分类

单位：家

分类	戏剧院	音乐剧院	木偶剧院	舞蹈和运动剧院	其他剧院
国家	2	1	—	—	—
省级	26	15	—	2	—
市级	36	6	24	3	4
县级	—	—	1	—	—
私人	8	9	23	16	116
协会	8	—	3	16	120
基金会	4	4	6	12	65
城市文化机构办公室	4	1	1	14	86
社区文化机构办公室	—	—	1	1	9
社区发起	—	—	—	11	48
其他	2	2	8	21	108
共计	90	38	67	96	556

注："—"为数据缺失。
资料来源：据《波兰剧院2017年鉴》整理得出。

2. 公共剧院得到充分的财政支持

2016年，公共剧院的预算为1123358250兹罗提。在这些预算中有908425638兹罗提是国家拨款，按照剧院不同类别具体分配如下：国家剧院能够分得168332735兹罗提，省级剧院能够分得497607934兹罗提，市级剧院能够分得456401105兹罗提，而县级剧院（实际上只有1个剧院）能够分得1016476兹罗提。国家拨款平均占剧院预算的80.9%。

2015年至2016年间，120个公共剧院的艺术团队中有4431名雇用员工。其中包括1607名演员、370名木偶剧演员、322名歌手、623名合唱歌手、555名舞者和10名哑剧表演者。

《波兰剧院2017年鉴》显示，2015~2016年波兰首次上映了1520个剧目。其中包括首次在波兰进行预演的119个剧目——约占剧目总数的7.8%。这个比例相对较小，表明波兰的剧院更喜欢演出一些已有一定知名度的剧目。按照上映的剧目种类划分，古典剧目首次公演共计468个，现代剧目共计1052

个。这些首次公演的剧目共登上 530 个剧院的舞台，演出场次共达 10908 次，观众总量达 2020055 人次（见表 9-4）。

表 9-4 2015/2016 年度首次公演剧目数量统计（按表演类型划分）

单位：次

类别	古典	现代	总计
戏剧	151	364	515
电影		4	4
喜剧及滑稽剧	32	96	128
改编剧	88	80	166
芭蕾	9	6	15
舞蹈剧院演出	8	109	117
音乐剧	3	15（包括一部专门为儿童的）	18
歌剧	46	7（包括两部专门为儿童的）	53
轻歌剧	7		7
音乐会	5	6	11
卡巴莱歌舞表演		21	21
哑剧	2	7（包括一部歌剧/哑剧）	9
表演	7	76	83
诗歌表演	15	6	21
儿童表演	61	129	190
音乐演出	27	60	87
街头演出	1	6	7
即兴表演		5	5
动画剧院		1	1
成人木偶表演	1	7	8
宗教演出	2		2
社会表演		9	9
脱口秀		2	2
光影演出		1	1
肢体表演		1	1
大型演出		1	1

资料来源：据《波兰剧院 2017 年鉴》整理得出。

3. 演出观众总人次增加

2015/2016 年度，各剧院共计上演了 2560 个剧目，共演出 29286 场，而观众总人数达 6311411 人次，较上一年度增加了 614928 人次。2014/2015 年度，相应统计数字如下：共上演了 2565 个剧目，共演出 27846 场，观看总人数达 5696483 人次。

2015/2016 年度，共有约 41％的首次公演剧目——627 个在公共剧院首演（其中包括 100 个波兰首次制作的剧目）。首次公演剧目在公共剧院演出共计 8745 次，观看人数达 1757467 人次。首次公演剧目和预演剧目数量约占公共剧院剧目总数的 24.5％（前一年度占 30.4％）。

表 9-5　2015/2016 年度波兰拥有剧目数量最多的公共剧院

单位：个

剧院名称	剧目数量
弗罗茨瓦夫歌剧院	55
克拉科夫民间艺术戏剧院	43
华沙首都戏剧院	44
海岸剧院	45
比亚韦斯托克木偶剧院	36
华沙波兰剧院	34
塔尔诺·卢德维克·索尔斯基剧院	34
波兹南大剧院	34
卡兹米尔兹·德耶梅科·诺耶剧院	33
克拉科夫国家星光剧院	33
克拉科夫歌剧院	33
首都音乐剧院	33
什切青波兰剧院	32
小事剧院	31
滑稽剧院	31
斯坦尼斯瓦夫·维斯皮辛斯基剧院	31
奥尔什丁木偶剧院	28
比得哥什波兰剧院	27
斯坦尼斯瓦夫·伊格纳西·威特凯维奇剧院	27

资料来源：据《波兰剧院 2017 年鉴》整理得出。

2015/2016 年度，847 家剧院名下共有 1459 位创作者和 4511 个剧目作品，其中 705 位创作者的 1039 个作品成功举办首映式及顺利进行首次公演（见表 9-6）。

表 9-6　2015/2016 年度首映剧目（按照创作者的国籍与首演场次划分）

单位：次

国家	古典 首映	古典 首次公演	现代 首映	现代 首次公演
安提瓜和巴布达	3			
阿根廷			1	
澳大利亚			2	1
奥地利	16		6	3
白俄罗斯			3	1
比利时	1		1	
巴西				1
加拿大	2		7	3
智利			1	
克罗地亚			2	
捷克	5		6	
丹麦	9		3	
爱沙尼亚			1	
芬兰				
法国	49		33	2
德国	21	2	17	3
英国	63		25	5
匈牙利	3		6	
印度				
爱尔兰			3	2
意大利	17		6	
日本	2			
黎巴嫩				1
立陶宛			1	
荷兰			4	1
挪威	3		5	
秘鲁				

续表

国家	古典		现代	
	首映	首次公演	首映	首次公演
波兰	163	1	423	76
罗马尼亚			4	1
俄罗斯	30		15	3
塞尔维亚			2	
斯洛伐克			1	
斯洛文尼亚			1	
西班牙	3		6	1
瑞典	3	1	6	
瑞士	1			
叙利亚				
土耳其			1	
乌克兰	1			1
美国	14		28	9

资料来源：据《波兰剧院2017年鉴》整理得出。

4. 海外剧目巡演成为亮点

《波兰剧院2017年鉴》还记录了波兰剧院的流动性数据。2015/2016年度，在《波兰剧院2017年鉴》记录的847家剧院中，387家剧院在其他地点表演次数共计3449次。其中，3185次是国内巡回演出，其中包括节庆演出（1441次）；其余为国际演出（264次），同样也包括节庆演出（123次）。公共剧院数据如下：在120家公共剧院中，113家剧院在其他地点表演的总次数为1822次，其中包括615次节日演出；在国外演出139次，其中包括56次节庆演出。

表9-7 剧院最常光顾的波兰城市排名情况

序号	城市	剧院光顾城市次数
1	华沙	246
2	克拉科夫	182
3	罗兹	104
4	格但斯克	100

续表

序号	城市	剧院光顾城市次数
5	波兹南	97
6	弗罗茨瓦夫	89
7	卡托维兹	85
8	卢布林	59
9	托伦	52
10	什切青	50
11	琴斯托霍瓦	48
12	热舒夫	47
13	比亚韦斯托克	39
14	凯尔采	37
15	霍茹夫	34
16	格丁尼亚	32
17	比得哥什	31
18	塔尔努夫	31
19	蒂希	29

资料来源：据《波兰剧院 2017 年鉴》整理得出。

三 图书版权领域

1921 年，波兰图书合作社成立，主要出版马克思列宁主义著作和共产党刊物。1944 年 7 月波兰人民共和国成立，同年 10 月成立了读者出版合作社。1946 年成立了国家出版社。1951 年成立了科学出版社。自 1951 年起，中央出版、印刷与图书发行局负责协调全国的出版工作。1956 年该局划归文化和艺术部管辖。1970 年成立了出版总局。20 世纪 80 年代，波兰图书出版和发行机构都是国营的，大部分图书都有价格补贴。20 世纪 90 年代初，波兰中央计划经济体制的解体带来的变化，十分明显地反映在图书出版业中。出版社的数量开始激增，国有图书发行公司相继倒闭，原有的地方供货系统多实行私有化，大批私人书店出现。过去长期享受补贴、一直保持较低水平的书价，在经济体制发生根本性变化后不再享受补贴。过去几年，受压力和挑战的影响，波兰图书市场也出现了并购现象。

如今，波兰有各种各样的图书出版单位。除有专业化、商业化的出版集团以外，还有许多提供图书出版服务的机构，其中最大的机构类型是高等院校和学术研究所。此外，学术协会、文化协会、文化机构、宗教组织、中央及地方政府机构、公共团体、私人公司和企业等也可以进行图书的出版。同时，个人出版也在图书出版领域中占有一席之地。

（一）图书市场规模较小、结构不均衡，图书出版种类稳步增长

2011年至今波兰图书市场规模在欧洲图书市场中的占比一直维持在3%左右，没有显著变化，而波兰人口占欧洲总人口的7%，波兰国内图书市场仍存在增长空间。截至2017年上半年，约有45000家波兰出版商在国家图书馆维护的ISBN数据库中注册，其中只有不到20000家保持活跃状态，能够保持每年均有新书出版。波兰国内图书市场发展不均衡，最为活跃的约300家图书出版商占据了约98%的市场份额，此外有600~700家图书出版商每年出版超过10本图书。2016年约有250家图书出版商的营业额在100万兹罗提以上，仅有130家图书出版商的营业额在200万兹罗提以上。波兰大多数注册的出版商只出版了极少量的图书，对于图书市场的发展没有太多贡献，市场活力明显不足（见表9-8）。

表9-8 2016年波兰图书市场出版社所占份额（按规模划分）

类型	数量（家）	收入（百万兹罗提）	收入（百万欧元）	市场份额（%）
大型出版社（年度收入>400万欧元）	35	1695	406.5	73
中型出版社（年度收入20万~400万欧元）	250	609	140.4	24.5
小型出版社（年度收入<20万欧元，每年至少2部出版物）	1500以上	49	11.7	2
不活跃出版社（偶尔出版）	4000以上	10	2.4	0.5

资料来源：《2017年波兰图书市场》。

第九章 重点行业市场发展现状

1991年至2016年波兰图书出版种数一直保持稳步增长，25年间图书出版种数增长了2倍。2016年波兰共出版34235种图书，并将其全数录入国家书目记录册，较2015年增加了2%，波兰图书出版种类数量已经连续2年实现增长（见图9-5）。波兰图书出版种数超过匈牙利、捷克、保加利亚、立陶宛等国，在中东欧国家中居于领先地位，也超过挪威、奥地利等一些欧洲国家，但与法国、意大利、德国、西班牙等西欧发达国家相比，还有较大差距。

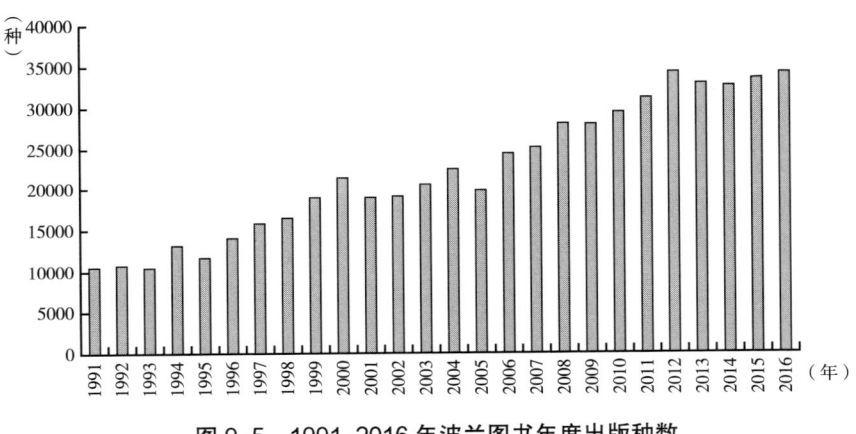

图 9-5　1991~2016年波兰图书年度出版种数

资料来源：《1991—2016年波兰图书市场》。

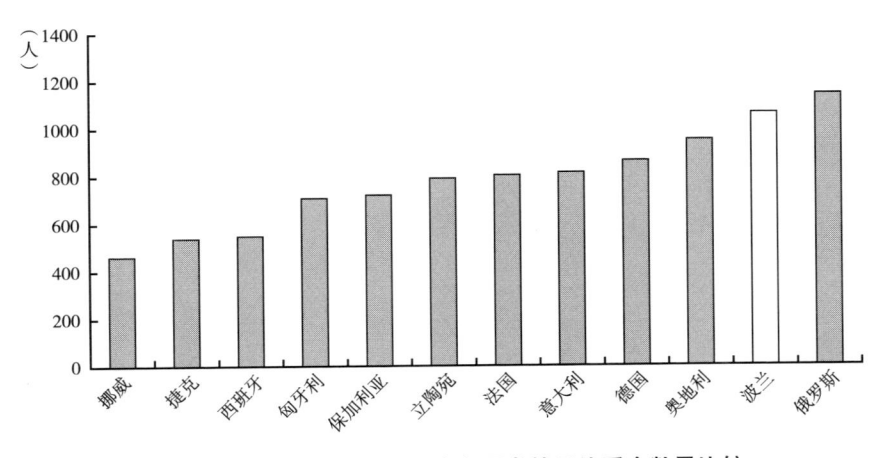

图 9-6　部分欧洲国家每种出版图书的平均受众数量比较

注：由于数据获取不畅通，各国的数据来源时间从2014年到2016年不等，因此该表只提供一个大致的比较。

截至2018年底，约有40540家波兰出版商在国家图书馆维护的ISBN数据库中注册，其中只有2000~2500家保持活跃状态，能够保持每年均有新书出版。2018年波兰图书市场总收入为22.5亿兹罗提，同2017年23.2亿兹罗提相比下降了约3%。波兰国内图书市场发展不均衡，最为活跃的约300家图书出版商占据了超过97%的市场份额，此外有600~700家图书出版商每年出版超过10本图书。2018年有约250家图书出版商的营业额在100万兹罗提（约234700欧元）以上，仅有120~130家图书出版商的营业额在200万兹罗提（约469500欧元）以上（见表9-9）。

表9-9 2018年波兰图书市场出版社所占份额（按规模划分）

类型	数量（家）	收入（百万兹罗提）	收入（百万欧元）	市场份额（%）
大型出版社（年度收入>400万欧元）	42	1643	382.1	73
中型出版社（年度收入20万~400万欧元）	约240	540	125.6	24.5
小型出版社（年度收入<20万欧元，每年至少2部出版物）	1500以上	56.2	13.08	2
不活跃出版社（偶尔出版）	4000以上	11	2.56	0.5

资料来源：《2019年波兰图书市场》。

波兰人口众多，这在一定程度上有助于波兰提高其图书出版种数。像波兰这样的欧洲人口大国，即使读者水平再低，也有潜力去提升并维系相对较高的出版物生产水平。因而公民数量和出版物种数之比可能是衡量一个国家创作能力以及出版图书市场接受度的更好指标。若用该指标衡量，波兰的排名将会降低，在被研究的所有欧洲国家中仅超过俄罗斯。

（二）传统图书销售模式受电商冲击

图书批发交易是波兰图书市场的主要贸易方式，占到波兰图书出版市场份额的48%，市场上最活跃的批发贸易公司包括方位（Azymut）、FK OLSEIEJUK、雅典娜（Ateneum）和超级七（Super Siódemka）等。但近年来图书批发商的数量逐渐减少，网上销售成为越来越重要的图书销售渠道，其普及率不断提高。网上销售凭借低价竞争策略给实体书店带来了冲击，尤其小型书店受损最大，2014年甚至被剥夺了教科书分销资格。网上销售书籍价格较实体店普遍下降35%~40%。相比之下，报刊亭、商店、超市书籍销售受影响很小，因为报刊亭、商店主要销售新书和畅销书，书籍价格比较稳定；而超市销售的书籍涵盖大众文学、小说、指南和教育书籍等大众书籍，受众广泛，且超市提供的折扣同样诱人，折扣力度可以达到建议零售价的25%~35%。2018年波兰电子书销售总额为1.025亿兹罗提，比2017年增长了20%（见图9-7）。

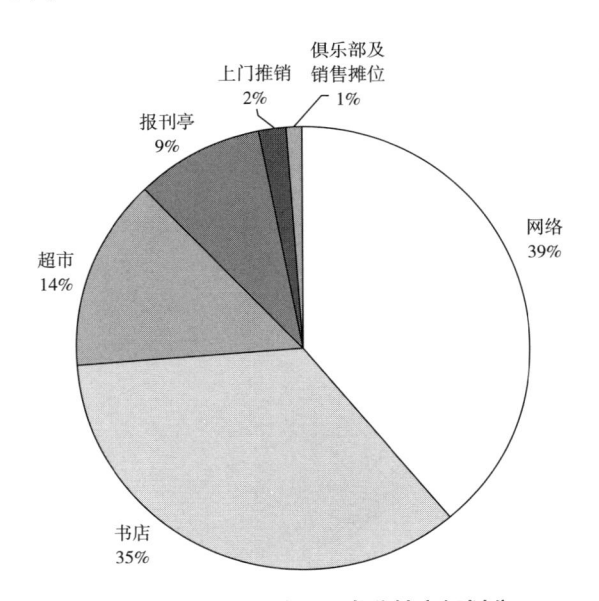

图9-7　2018年波兰图书分销市场划分

资料来源：波兰国家图书馆相关数据。

（三）不同类别图书出版发展情况不一

1. 文学出版物发展突出

2016年波兰文学出版物维持了前两年的发展态势，出版种数显著增加，达到9531种，较2015年增加了600种，这主要得益于奇幻文学、漫画、儿童及青少年文学读物出版种数的增加。其中，奇幻文学和漫画的出版种数近年来一直呈上升趋势：奇幻文学出版种数在近年来迅速增加（三年来累计增长超50%），漫画出版种数则呈指数型增长（三年增加了3倍）。相比之下，儿童及青少年文学读物出版种数同比出现了明显的波动（出版物种类数量出现下降）。同时，纯文学作品（文学性较强）出版种数小幅增加，但这主要得益于个人诗集出版种数的增多，而文学性较强的小说出版种数并未增加。此外，2016年出版种数下降的文学体裁有长篇小说和中短篇小说，以及惊险小说和犯罪小说。

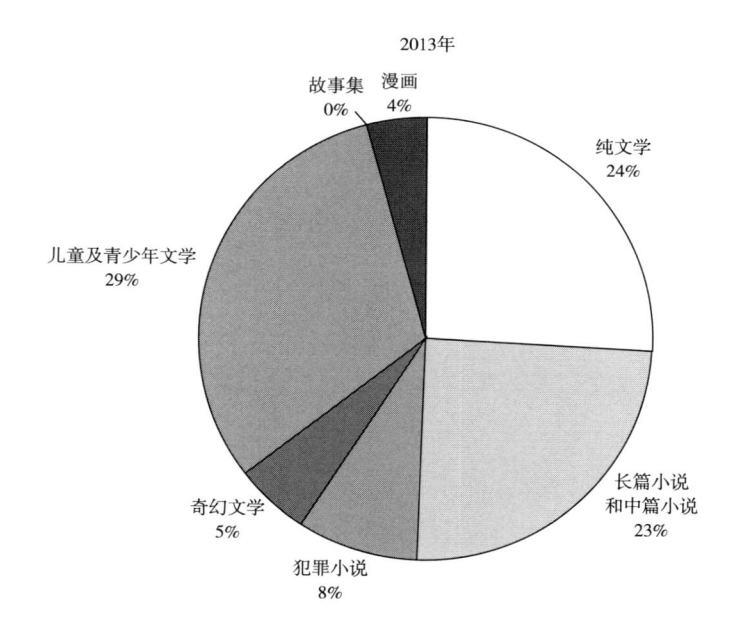

2013年

- 故事集 0%
- 漫画 4%
- 纯文学 24%
- 长篇小说和中篇小说 23%
- 犯罪小说 8%
- 奇幻文学 5%
- 儿童及青少年文学 29%

2016年

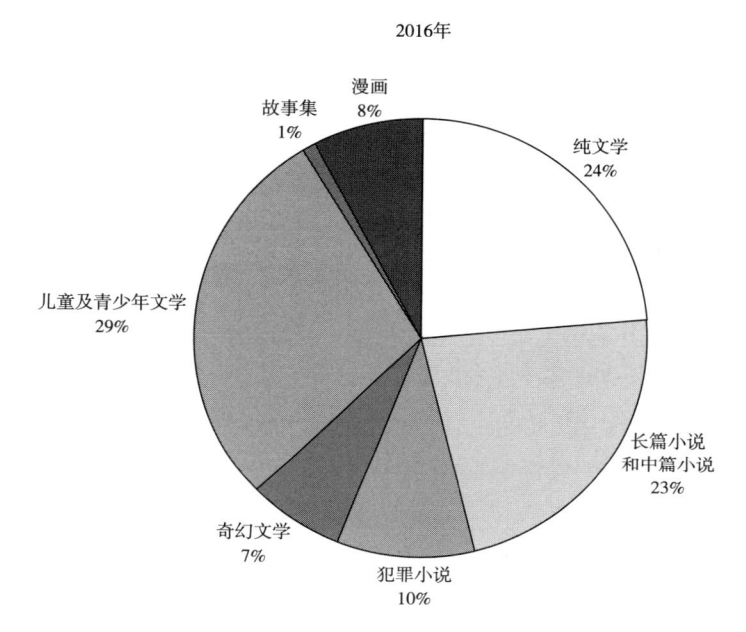

- 纯文学 24%
- 长篇小说和中篇小说 23%
- 犯罪小说 10%
- 奇幻文学 7%
- 儿童及青少年文学 29%
- 故事集 1%
- 漫画 8%

图9-8 2013年、2016年波兰各文学体裁出版种数占文学类出版物出版种数的比重

资料来源：*The Polish Market in Number 2013 and 2016*。

2. 学术出版物、教科书出版种数发生结构性变化

2013年至2014年波兰学术出版物出版种数出现大幅下滑，锐减将近1/4。在经历连续3年下滑之后，2016年波兰学术出版物出版种数出现了0.8%的微弱上升，学术出版物的出版逐渐走向稳定，这在根本上是对学术界发表观点、文章渠道发生变化所做出的反应，学者们更加倾向于在同行评审的期刊上发表论文，而非出版学术类书籍。（见图9-9）反观教科书领域，2016年波兰国家图书馆新增教科书藏书1187本，占教科书收藏总数的3%，较2015年的1149本有所增加，改变了自2013年起出现的教科书出版种数连续下降的情况。这主要是受政府政策影响而产生的结构性变化，由于政府推行"免费课本"计划，教科书出版种数开始下降，而2016年的教育改革则带来了教科书出版种数的新一轮增长。

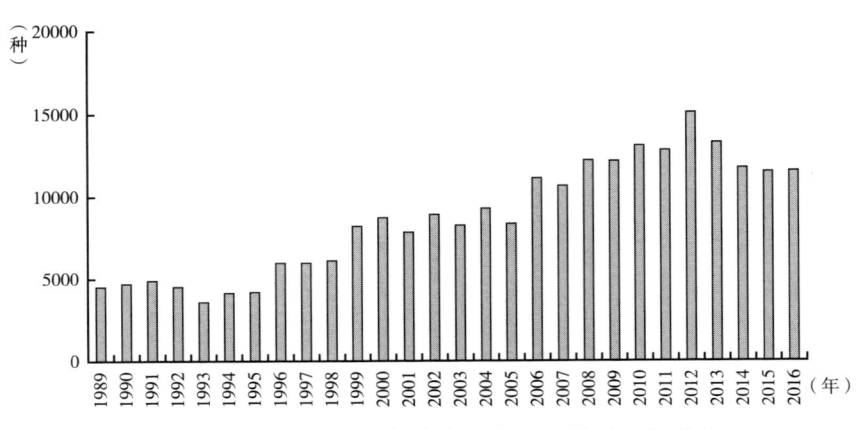

图 9-9　1989~2016 年波兰学术出版物年度出版种数

资料来源：《1991—2016 年波兰图书市场》。

3. 报刊出版发展平稳

2016 年波兰国家图书馆收藏了 7154 种报刊，和 2015 年基本持平，波兰报刊出版种数在经历明显的波动——2013 年至 2014 年的下降及 2015 年的增长之后，在 2016 年趋于平稳（见图 9-10）。

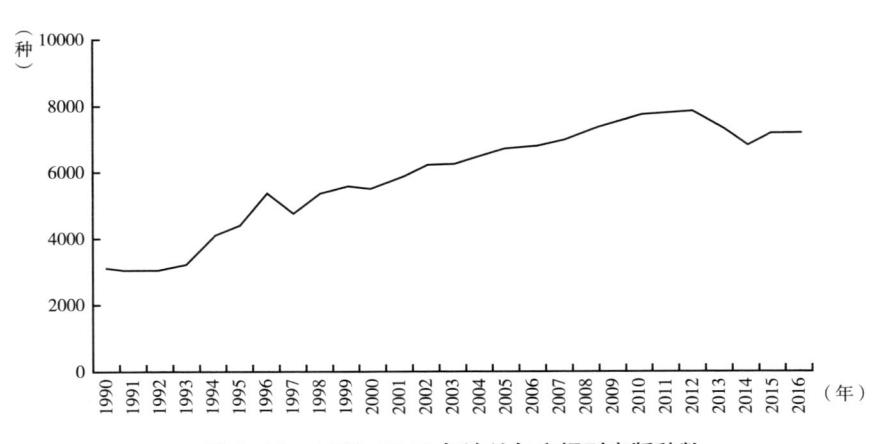

图 9-10　1990~2016 年波兰年度报刊出版种数

资料来源：《1991—2016 年波兰图书市场》。

波兰报刊中最常见的类型是中低出版频率的期刊，如月刊（占 24%）、季刊（占 26.5%），以及出版频率比季刊更低或不定期出版的期刊（占 29%）。同时，这些低出版频率的期刊的出版种数的变化是造成近年来报刊出版种数波动（包括增加和减少）的主要原因。相较 2015 年，2016 年出版频率最低或不定期出版的期刊出版种数有所减少（大约 3%）。与此同时，高出版频率的期刊的出版种数只占了所有期刊出版种数的一小部分：学术期刊出版种数占期刊出版种数的 0.7%，周刊占 7%。以上几类期刊的出版种数在近年来都没有太大的变化。

和 2015 年一样，2016 年报刊出版种数的变化主要体现在学术期刊和地方政府机构发行的杂志的出版种数上。地方政府发行的杂志的出版种数在近年来持续增加，但学术期刊的出版种数有所波动：2013~2014 年下降了 20%，2015 年增加了 7%，2016 年又下降了约 5%。值得注意的是，这两类期刊都有一个特点：它们中的相当一部分不定期发刊，在数据库中消失后又重新出现，导致该类别刊物的出版种数并不稳定。

在未来，波兰图书出版种数不会有大的变化，可能会缓慢增加。图书出版种数的增加主要得益于个人出版业的发展。越来越多的印刷公司和出版社开始为个人提供出版服务，因为纯文学作品主要由个人出版，其出版种数很可能会继续增加。由于学术界更加倾向于在学术期刊上发表文章，学术出版物的出版种数已呈缓慢下降的趋势。同时人口减少使得学生人数减少，进一步导致学者人数减少，而这使得学术出版物出版种数进一步下降。当然，由于这些长期因素变化缓慢，它们对当下的学术出版的影响微乎其微，因此学术出版物出版种数将会保持在一个稳定的水平。新的教育方针将会刺激市场对新课本及其他教材的需求，这将很有可能使得波兰的教科书市场重新回暖。在未来，报刊出版种数可能还会保持波动，因为学术期刊出版种数的变化具有不确定性，如每年都会有很多学术期刊停刊或者重新发行。

（四）图书馆升级以适应现代需求

作为文化、教育与科学机构，图书馆始终紧随着全球变革的脚步。图书馆要想找到能符合世界发展趋势的工作模式，最重要的一点就是资料更新换代的速度及程度要与发展的方向和规模相匹配，并且需要考虑当下人们对于工作环境的需求及服务对象的需求，同时还要有所超前。基于持续高质高量的观察研究，这些转变都是可预测的。

1. 波兰图书馆迎来新的发展方向

在弗罗茨瓦夫召开的国际图书馆协会联合会（International Federation of Library Associations，IFLA）世界大会上，与会各方就图书馆的发展方向展开了讨论，并提出了图书馆未来发展蓝图的相应规划项目及方案。此外，会议内容也涉及重视视弱、自闭症、不同方言使用者及少数族裔等特殊群体的需求，使其有平等获取图书馆信息资源的渠道。会议强调了要提升图书馆的活跃性，通过与社区建立紧密联系，培养人们对图书馆的兴趣，并利用创客空间发挥灵感来实现；强调图书馆工坊的建设，使读者能有空间实践其创新想法。此外，大会讨论了在互联网"假新闻"传播日益严重情况下，图书馆的重大意义。同时，IFLA还提出了针对全球图书管理员的新项目（"全球视野对话"），并定义当下及未来的图书馆模式。

同时，波兰政府出台了旨在提升波兰图书馆吸引力的"2016~2020年度阅读发展项目"，使其紧随主流趋势。这一项目的目标群体为公共图书馆、教学资源库以及校园图书馆，它们是图书馆转型大局中的重要一环；关于图书馆其他方面的建设，则需要提升员工素质，包括提升管理能力及拓宽业务范围，并使图书馆和其他关系网络建立联系（及合作）。在过去几年里，波兰境内的图书馆对馆内服务的关注度不断提升，着力打造具有更强大功能的图书馆机构。这就意味着其地理位置、其与其他机构的关系网以及合作能力，都显得愈发重要。

2. 图书馆有序精简

2016年，在波兰有约32500座各类图书馆在运营。其中占比最大的为校园图书馆（21212座），公共图书馆（7984座）以及学术图书馆（998座）。相比这三类图书馆（总比达92.9%），其余类型的图书馆在数目上仅占极小的比例，即使其工作内容（馆藏、员工培训及服务）独特，且满足了很多专业群体的需求。相较2015年，波兰中央统计局记录的2016年全波兰图书馆机构数目下降了142座：公共图书馆减少数目最多，达66处，其次为学术图书馆，减少了63处，而在其余类型的图书馆中，专业图书馆减少了13处。这些年来数目受限且在2016年趋于稳定的图书馆机构，需要受到重视。这其中包括教学资源库及其分馆272座，专业纯文学图书馆53座，学术、技术及经济图书馆21座，以及科学、社会学图书馆12座。（据非中央统计局统计）2016年运营的波兰图书馆中还包括军事教育图书馆118座，监狱图书馆157座，及教区图书馆1480座（见图9-11）。

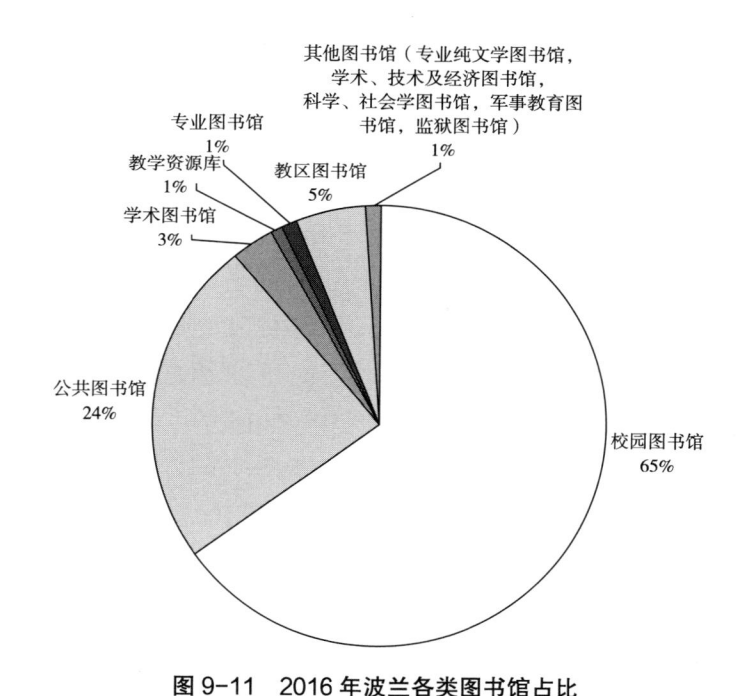

图9-11 2016年波兰各类图书馆占比

资料来源：英文原作者自己整理的图。

基于对波兰中央统计局数据的研究发现，减少某些基数庞大的图书馆（公共图书馆、学术图书馆及专业图书馆）的进程在稳定推进。考虑到其他类型的图书馆，这一进程总体有所放缓，但很难清晰地评估这是否会影响机构的组织稳定性及新措施是否能够符合当下读者的预期。事实证明，图书馆机构的关闭并未对2016年（每个机构）的相关指标水平产生较大影响，这意味着在大部分情况下，关闭的机构都是读者使用率较低的小型分馆。

那些具有极大发展潜力的图书馆，通常都做了充分的准备应以对频繁的变化，例如公共图书馆和学术图书馆。此外，除去2016年关闭的部分机构，波兰图书馆可用面积共增加了约23000m^2（共计达到了1967100m^2）。其中公共图书馆可用面积为1104700m^2，学术图书馆可用面积为821200m^2，教学资源库可用面积为90500m^2，及专业图书馆可用面积为30700m^2。图书馆基础设施配备程度会影响其他潜力因素。例如，公共图书馆内充分的空间使其在规划时为阅读空间增加了19400m^2，类似地，学术图书馆内阅读空间增加了50100m^2。而相比之下教学资源库及专业图书馆内阅读空间增长幅度较小，分别为5800m^{2}和2200m^2。

3. 图书馆领域的变革创造了新的发展机遇

现代化的图书馆建筑除提供有吸引力的多功能区域外，也为创造新岗位提供了机会。公共图书馆的相关数据显示情况也确实如此。2016年公共图书馆新聘员工23593名，其中包含一线员工18337名；类似地，学术图书馆新聘员工10350名（含一线员工8915名），教学资源库新聘员工1965名（含一线员工1365名）。图书馆建筑的现代化也为空间利用调整、便利残障人士创造了可能性。例如，在人流量小的图书馆中（2016年共4279处），此类调整正在实施，即使这些改变落实进度缓慢，且规模较小。目前已有3278处公共图书馆、696处学术图书馆、134处教学资源库及186处其他类型图书馆进行了相关调整。

4. 波兰图书馆面对软件服务升级挑战

信息技术的发展为波兰图书馆工作的开展提供了诸多机会。然而，即使在现代社会日常生活中电脑的使用显得理所应当，也并不意味着所有图书馆机构都提供了相应的计算机设备。2016年，94.8%的公共图书馆共有48900台电脑，其中26500台（54.2%）连网电脑可供读者使用；86.9%的学术图书馆共有22500台电脑，其中44.5%的可供读者使用；100%的教学资源库共有3900台电脑，其中43.7%的可供读者使用。其他类型图书馆的电脑配备情况不尽相同（90.5%的学术、技术及经济图书馆，58.3%的科学、社会学图书馆以及52.8%的专业纯文学图书馆有电脑配备）。

图书馆目前面临的主要问题是电脑配备的规模及使用方式的更新，希望通过引入图书馆软件以建立在线目录（包括快速访问链接合集、藏书及订购出版物等）、简化借阅流程（读者账户访问、延长借阅期限），以及提供国家图书馆等（下载文献简介等）服务。2016 年，波兰平均约有 2/3（62.9%）的图书馆设有在线查询目录的服务。其中，表现最优的教学资源库（92.6% 的教学资源库提供该服务），学术图书馆（69.2%）和公共图书馆（63.1%）在这一方面则不相上下。其他图书馆的情况则不尽相同：分别有 58.3% 的科学、社会学图书馆，38.1% 的学术、技术及经济图书馆，26.2% 的专业图书馆及 3.8% 的专业纯文学图书馆提供该服务。除此以外，国家图书馆还推出了"OMNIS 电子服务"，这是一个提供波兰境内所有图书馆的馆藏信息、波兰市面上最新出版物信息的全国信息系统。但除此之外，波兰图书馆仍缺乏对新技术的应用。

5. 波兰图书馆馆藏有待丰富

基于现代图书馆的概念，波兰境内的图书馆机构在丰富馆藏方面的工作有待加强。在这一方面，公共图书馆在 2005 年得到了一个大项目的支持。2016 年，公共图书馆资源总数达 263284100 个馆藏单位，其中包括 231238400 个馆藏单位的印刷物（包括 209036600 册书籍及 22201800 册报刊）及 1012600 个使用实体媒介储存的电子资源，其余的非数字馆藏物达 29033000 个馆藏单位。图书馆收藏中拥有最大比例藏书的为公共图书馆，藏书合计 127113900 册，其次为学术图书馆，藏书合计 72425900 册，再者为教学资源库，藏书合计 12301100 册。非数字收藏中，拥有最大比例馆藏的为学术图书馆（21896200 个馆藏单位），其次为公共图书馆（5151400 个馆藏单位）和专业图书馆（4093000 个馆藏单位），后二者馆藏水平相近。

现代的图书馆已经成为一种多功能的机构，不仅向公众提供传统印刷出版物，也同时提供电子版本。图书馆为了提供电子文献、书籍，通常需要购买其阅读许可。2016 年，波兰图书馆购买了 24890405 个电子文献的阅读许可，相比上一年数量减少了 4861298 个。这些电子文献阅读许可的主要提供者是学术图书馆（21401986 个）及公共图书馆（3421270 个）。教学资源库，专业图书馆，学术、技术及经济图书馆，科学、社会学图书馆合计拥有 122525 个电子文献的阅读许可。购买电子文献阅读许可将造成图书馆服务成本的提高，但由于各图书馆建立了联盟合作，这笔开支也有所减少。不过，并不是每个图书馆都需要承担购买许可的费用，加之读者的期望值也在不断提高，因此联盟内图书馆的数目在不断减少，导致剩余成员所需担负的费用不断增加。在这种情况下，（国有、地方、专业及机构性）电子图书馆、储存库及数据库的建立对图书馆的电子文献服务进行了补充。2016年，20.3%的学术图书馆、8.1%的教学资源库、4.5%的公共图书馆（主馆）及4.6%的专业图书馆，都通过独立或合作的方式建立了电子图书馆。作为该倡议的一部分，公共图书馆需要建立包含地方传统相关资料的电子资源库（CATL），学术图书馆则需要建立相应的学术资源库（13.8%）。

图书馆藏书种类的多样性会影响其购买藏书和电子文献阅读许可的开支。2016年在总额达约2.1亿兹罗提的开支中，学术图书馆共计消费约1.1亿兹罗提，公共图书馆共计消费约0.9亿兹罗提，其余图书馆共计消费约0.1亿兹罗提。图书馆资源消费结构表明，馆方希望能增加读者阅读书目的数量。公共图书馆的大部分开支用于购买印刷图书（占总额的83.2%），科学、社会学图书馆的情况也与之相似（占比93.2%）。教学资源库和专业纯文学图书馆的印刷图书开支分别占各自总开支的69.9%和62.5%。专业图书馆的开支多用于购买期刊（45.7%）和印刷图书（31.3%）。至于学术、技术及经济图书馆，期刊占了其开支最大的比重（79.9%）。学术图书馆则将大部分资金用于购买电子阅读许可（44.1%），而用于购买印刷图书（28.2%）和期刊（23.3%）的开销大致相同。

波兰境内图书馆的机构潜力、资源规模及功能归类将影响其社会影响力及资源的利用方式。公共图书馆的影响力范围最广。在2016年统计的7479400名图书馆读者中，有6096300名为公共图书馆读者，1292500名为学术图书馆读者，245000名为教学资源库读者，以及45400名为其他类型图书馆（包括专业图书馆，专业纯文学图书馆，学术、技术及经济图书馆以及科学、社会学图书馆）的读者（见图9-12）。2016年，波兰图书馆的读者数相较2014年有所下降（减少3.8%）。其中读者数减幅最大的为教学资源库（下降10.8%）和科学、社会学图书馆（下降9.1%）。除专业图书馆、专业纯文学图书馆外，2016年各图书馆的读者人数较2014年都出现了大幅下滑。

2016年，波兰境内图书馆访客合计94200000人次，其中公共图书馆访客量为75000000人次，学术图书馆访客量为16800000人次，教学资源库访客量为2400000人次。

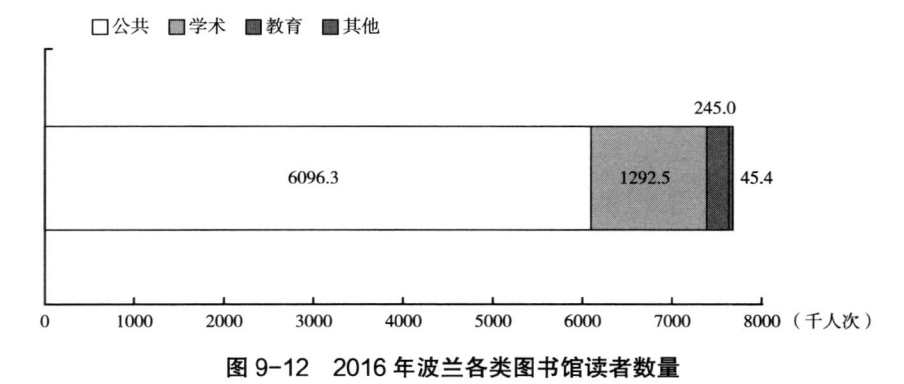

图9-12　2016年波兰各类图书馆读者数量

资料来源：基于K-03表格的中央统计局数据。

公共图书馆同时还在登记借阅量上占最大比例。在128440600个馆藏单位的登记借阅量中（包括藏书及其他形式的馆藏），公共图书馆占113779100个馆藏单位，学术图书馆占13128500个馆藏单位，教学资源库占3844200个馆藏单位，以及354900个馆藏单位属于其余类型的图书馆。除学术、技术及经济图书馆以及科学、社会学图书馆外，所有图书馆的登记借阅量都有所下降。2016年，读者馆内借阅量（36369200个馆藏单位）中超过一半属于公共图书馆（52.3%，19007800个馆藏单位），占比第二的为学术图书馆（44.0%，16007300个馆藏单位），而教学资源库占比则要小很多（5.4%，1976100个馆藏单位）。其余类型图书馆登记了245200个馆藏单位的馆内借阅量。在学术图书馆、学术、技术及经济图书馆以及科学、社会学图书馆中，馆内借阅的读者数量比外借的读者数量更多。

不同类型的图书馆在电子文献服务方面也有所区分，但体现出较大差别的主要为学术图书馆。相较于2015年，2016年图书馆访客量增加了1/3。在合计96721700人次的访客量中，学术图书馆访问量为78781000人次，公共图书馆为17551600人次，教学资源库为690500人次。而其他类型的图书馆中，专业图书馆 840900 人次的访客量也可圈可点。在合计 59103100 个下载的文件中，有 33698000 个是通过学术图书馆下载的，25298600 个是通过公共图书馆下载的，783600 个是通过教学资源库下载的，以及 492700 个是通过专业图书馆下载的。当考虑各图书馆电子库内的出版物时，情况也大体相同。在合计 68062100 条的浏览量中，学术图书馆占 61325100 条，公共图书馆占 12794500 条，专业图书馆占 812700 条，教学资源库占 441500 条。波兰图书馆的工作中，最重要的一项为推广工作，其中包括文学活动、临时活动、展会及培训。2016 年，在 291700 场的各类活动中（参与人数超过 7900000 人），有 283000 场是由公共图书馆组织的，参与人数达上百万人。有类似活跃度但规模较小的活动也在学术图书馆（共 5600 场，参与者达 442200 人）和教学资源库（共 5200 场，参与者近 270000 人）举办。图书馆负责的培训及教育课程的规模，也会因活动类型及各类图书馆影响力范围的大小而异。在培训及教育课程的 2500000 名参与者中，有 2200000 人参与的是由公共图书馆组织的活动（其次为学术图书馆和教学资源库）。公共图书馆、学术图书馆及教学资源库在出版物方面的工作也很积极。

多年以来，波兰图书馆经历了一系列的转变。尽管读者人数有所减少，但馆方依然采取措施改进业务，调整工作方式，以服务更广大的群体。目前，以服务特殊群体（如教育者、高等教育群体等）为目标的图书馆正逐步开放馆藏借阅，为新群体提供服务。此外，馆方还与读者进行沟通，以确定运作方式及空间构建、服务范围及发展方向。图书馆也愈发频繁地关注特定用户或群体的需求，业务范围也不再只局限于图书馆常规性工作，还致力于服务残障人士、超过 60 岁的老人、特殊爱好人士、移民及少数族裔等人群。图书馆机构正在落实新技术的应用和传统印刷馆藏与电子资源的共建，强调电子资源（资源库、电子图书馆）的重要性。除此以外，一些图书馆在大城市和小社区内都建立起了现代化的建筑，以符合图书馆开放、友好、多用的标准。同样，在公共图书馆内，也有开放空间放置藏书或作为不同社群团体的活动空间。各图书馆在落实本馆工作的同时，还通过与其他图书馆的合作实现共同计划目标。波兰图书馆互相借鉴，不断提升工作水平并努力达到国际标准。这将有助于图书馆提高服务质量，也为政府出台相应扶持项目奠定基础。

表9-10 2016年波兰图书馆机构详情

数量	总计	图书馆/图书馆机构						
		公共	科技	教育	专业	纯文学	学术、技术及经济	科学、社会学
机构数量（个）	9567	7984	938	272	302	53	21	12
为轮椅使用者提供方便的建筑物数量（个）	4279	3278	696	134	148	26	7	5
馆藏（库存单位）	263284086	134305428	116365088	13361446	9459998	641131	590580	215943
图书（册）	233238395	128994880	94322123	12974776	5194560	638398	378117	204688
图书馆建筑实用面积（m2）	1967075	1104661	821201	90549	30685	4678	3325	1696
阅读区数量（个）	175004	119433	50117	5818	2197	307	235	133
员工总人数（人）	34701	23593	10350	1965	448	97	34	10
一线员工人数（人）	27897	18337	8915	1365	411	91	34	8
有电脑的机构个数（个）	8931	7570	815	272	235	28	19	7
图书馆机构使用的计算机数（台）	73402	48939	22489	3893	667	59	51	18
读者可访问的、连接到网络的计算机数（台）	37964	26485	10017	1701	296	20	23	9

资料来源：波兰中央统计局数据。

表 9-11　主要指标——潜力

图书馆/图书馆机构	馆藏（库存单位）	读者可访问的、连接到网络的计算机数量（台）	一线员工数量（人）	实用面积（m²）	阅览区数量（个）
	每一个机构				
总计	27520	4	2.9	205.6	18.3
公共	16822	3.3	2.3	138.4	15
科技	124057	10.7	9.5	875.5	53.4
教育	49123	6.3	5	332.9	21.4
专业	31324	1	1.4	101.6	7.3
纯文学	12097	0.4	1.7	88.3	5.8
学术、技术及经济	28123	1.1	1.6	158.3	11.2
科学、社会学	17995	0.8	0.7	141.3	11.1

资料来源：基于中央统计局数据的独立研究。

表 9-12　主要指标——影响力（使用情况）

图书馆/图书馆机构	读者（千人）	用途（千次） OUT	用途（千次） SITU	远程连接信息（千个）	下载文档（千个）	从数字图书馆查看出版物（千次）
共计	7479.4	128440.6	36369.2	96721.7	59103.1	68062.1
公共	6096.3	113695.3	18907.8	17551.6	25298.6	12794.5
科技	1292.5	13128.5	16917.6	78781	33698	61325.1
教育	245	3844.2	1976.1	690.5	783.6	441.5
专业	18.3	102.7	195.4	840.9	492.7	812.7
纯文学	24.6	232	21.4	—	—	—
学术、技术及经济	1.8	15	20.3	6.9	4.9	0.4
科学、社会学	0.6	5.2	8.1	3	0.7	0.7

资料来源：中央统计局数据。

（五）重要的商业活动

波兰最重要的图书商业活动莫过于华沙书展。在 2015 年 5 月举办的第六届华沙书展上，有来自 29 个国家的超过 860 个参展商和近 800 名作者参展，书展吸引了 72000 多名参观者参展，这是第三场在国家体育场举行的书展。华沙有举办图书展销会的悠久传统，从 1956 年到 2010 年每年都举办了国际图书博览会。另外值得一提的是，2014 年第十八届克拉科夫国际图书博览会的举办印证了博览会在业内不断上升的地位。波兰古都克拉科夫被联合国教科文组织正式命名为"文学之都"，"文学之都"是联合国教科文组织授予某些创意城市的七大主题荣誉称号（"文学之都""音乐之都""电影之都""设计之都""民间艺术之都""媒体艺术之都""烹饪美食之都"）之一。克拉科夫也成为继爱丁堡、墨尔本、爱荷华、都柏林、雷克雅未克和诺维奇后第 7 座获此称号的城市。

四 游戏领域

（一）波兰游戏产业已发展到世界领先水平

21 世纪初期，波兰因为属于欧洲东部地区，接触新科技的机会有限。然而，即使在 1989 年的社会政治变革之前，波兰也有大量电脑游戏处于制作过程中。1986 年，马尔辛·博科夫斯基（Marcin Borkowski）为 ZX 光谱电脑设计了名叫《潘多拉宝盒》的游戏。它是第一个被波兰媒体正式报道的由波兰人设计的游戏，也是波兰人设计的游戏第一次尝试进入商业市场的标志。

从过去的市场萌芽到今天变成现代大众娱乐不可或缺的重要组成部分，游戏产业正走向成熟。电脑游戏不只属于互联网爱好者和喜欢游戏的年轻人，而且已经成为流行文化里的一个亮眼的元素，同时也是文化产业里创造市场价值的重要行业之一。波兰游戏设计者已经掌握和具备了让游戏产品升级换代的能力和经验。波兰目前已有超过 240 家游戏制作公司，其中包括众多具有国际知名度和品牌影响力的制作团队，它们经常受邀参加各类国际游戏大展。

根据克拉科夫科技园及其合作伙伴共同发布的《波兰 2017 年游戏市场状况》，2015 年至 2016 年间，全球游戏市场格局发生了转变。2015 年，北美国家以 236 亿美元的年收益位居世界游戏市场第一，领先于亚洲国家（231 亿美元）、欧洲以及中东和非洲国家（221 亿美元）。而到 2016 年，亚洲和太平洋沿岸国家的游戏产业已经占据了全球游戏市场份额的 47%，而北美国家的市场份额只有 25%。

根据分析公司 Newzoo Polska 在 2017 年 4 月公布的数据，在全球 100 个最重要的游戏市场里，就经济效益而论，波兰位列第 23。2016 年末，波兰的游戏市场规模达 18.5 亿兹罗提。根据相关报告的预测，到 2019 年，波兰游戏市场规模将达到 22.3 亿兹罗提，增幅达 21%。不过对于全球来说，这个增速还不够显著，因为波兰游戏市场规模只能占全球整体游戏市场份额的 0.5%。

2016 年总市值达 18.5 亿兹罗提（约合 4.6 亿美元）

- 在线游戏 20%
- PC 和游戏机游戏（实体发行）32%
- PC MMO/在线游戏 19%
- PC 游戏（数字发行）15%
- 游戏机游戏（数字发行）4%
- 社交网络游戏 10%

2019 年总市值达 22.3 亿兹罗提（约合 5.6 亿美元）

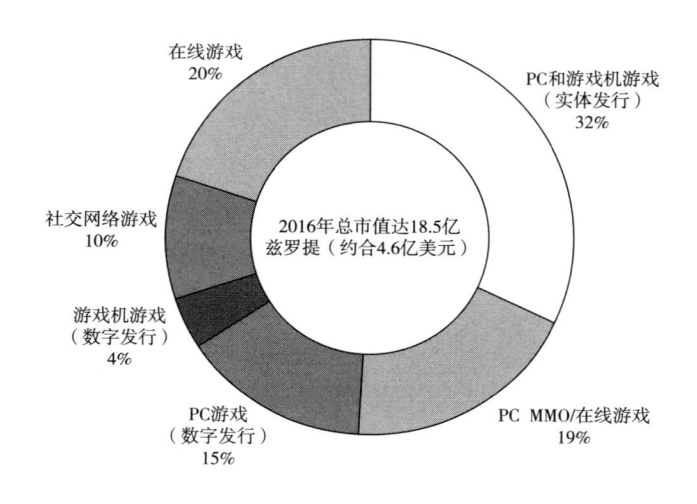

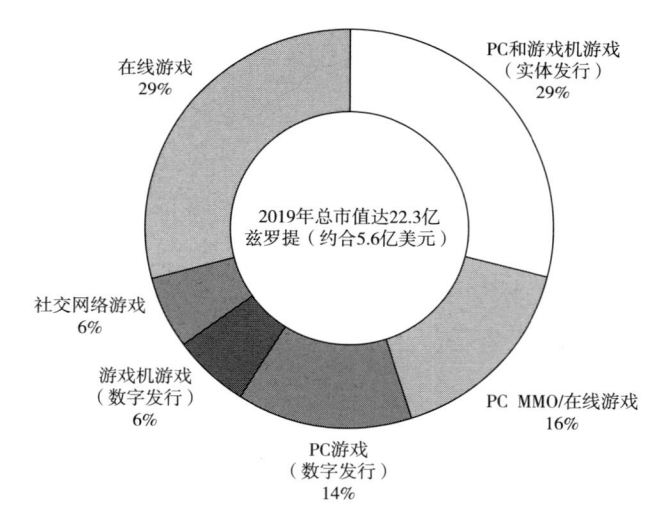

- 在线游戏 29%
- PC 和游戏机游戏（实体发行）29%
- PC MMO/在线游戏 16%
- PC 游戏（数字发行）14%
- 游戏机游戏（数字发行）6%
- 社交网络游戏 6%

图 9-13　2016 波兰游戏市场市值和 2019 年市值预测

资料来源：《波兰 2017 年游戏市场状况》。

（二）波兰游戏消费结构发生变化

与此同时，波兰游戏玩家的结构也发生了改变。波兰游戏市场的繁荣也使国内诸如中年女性、老年人等通常不以玩游戏为娱乐方式的人群成为新的游戏消费者。在过去10年中新玩家数量的不断增加也得益于移动设备的普及使用，都市游戏《口袋妖怪》在波兰的流行也很好地印证了这一点。从游戏内容开发的角度来看，游戏公司开始把使用增强现实技术和与城市环境的结合作为游戏制作的重要理念，力求将用户带入一个更加逼真的互动游戏世界。目前，波兰在上述技术的使用方面主要集中于运动类游戏。

2016年在波兰游戏设计师们发行的大热游戏中，较为成功的当数《巫师3：狂猎》。2016年波兰家庭对于新一代游戏机（如索尼PS4家庭娱乐版）需求的增加也使得实体游戏机的销售量增长了约15%。尽管2016年波兰游戏市场没有盛大的游戏首发仪式，但游戏销售量还是增长了3%。同时，游戏版权保护也需要进一步引起重视，目前在波兰所有游戏获得的途径当中，通过合法渠道购买而来的游戏至多占全部游戏的30%，剩下的游戏都是通过其他渠道获得而来的（见图9-14）。

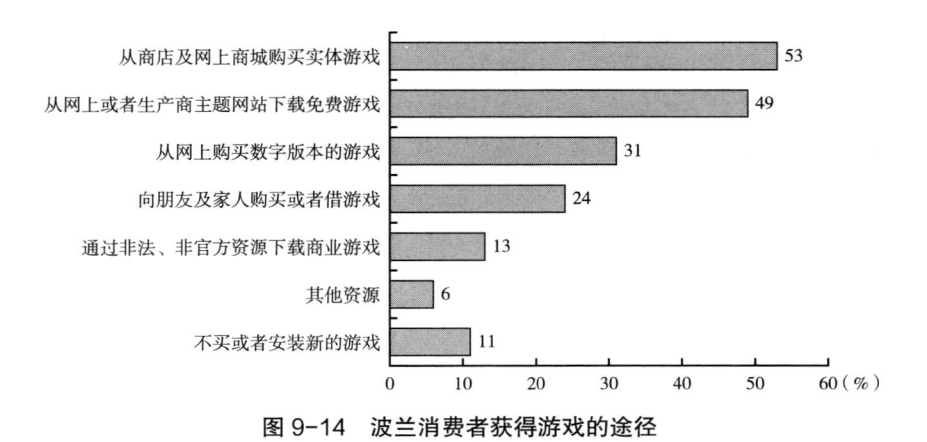

获得游戏的途径	百分比
从商店及网上商城购买实体游戏	53
从网上或者生产商主题网站下载免费游戏	49
从网上购买数字版本的游戏	31
向朋友及家人购买或者借游戏	24
通过非法、非官方资源下载商业游戏	13
其他资源	6
不买或者安装新的游戏	11

图9-14 波兰消费者获得游戏的途径

资料来源：《波兰2017年游戏市场状况》。

网络始终是波兰游戏市场中最大的传输媒介（约有 54% 游戏玩家选择网络游戏），而手机是波兰游戏市场中发展最快的游戏平台载体。曾经支配波兰游戏市场的电脑端游虽然市场地位有所下降，但依然保持领先地位（45% 游戏玩家选择电脑端游）（见图 9-15）。

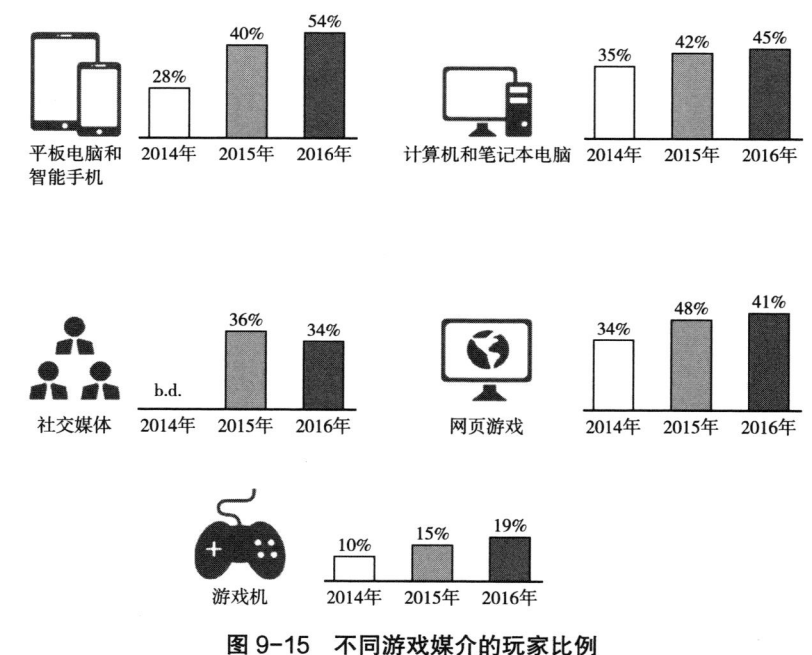

图 9-15 不同游戏媒介的玩家比例

注：社交媒体 2014 年的数据缺失。
资料来源：《波兰 2017 年游戏市场状况》。

五 广告领域

（一）波兰广告业发展现状

广告业一直是波兰发展较为迅速的产业之一，在 21 世纪初就已经达到了欧洲的平均水平，并且每年都保持增长。尤其是在线广告业近年来发展势头不容小觑。波兰在线广告市场，按在线广告类型可分为展示广告、付费搜索广告、付费分类广告、付费电子邮件广告等。其他广告类型还有移动广告、社交媒体广告、数字广告（内容涵盖零售、电子商务、汽车、电信、金融服务、包装食品、酒店/酒吧/餐厅等）。主要数字平台包括Google、Facebook、YouTube、Twitter和Instagram、Nasza-Klasa.pl、Golden line.pl，占据主要市场份额的在线广告代理商有VML Poland、K2、Ideo Agency、J.Walter Thompson Group、Nitro Digital、Connaxis等。

2016年，波兰超过75%的在线广告支出是由展示广告和搜索引擎营销（SEM）贡献的。广告客户强调了互联网在广告平台上的至高无上性及其在波兰人民生活中的主导地位。波兰人在工作场所、家庭、咖啡馆、汽车和任何覆盖网络的地方都使用互联网。随着移动设备的发展，波兰人不断与网络相连。2016年波兰有超过2700万互联网用户，网络使用率超过70%。由于网络访问人数的不断增长，广告客户渴望将其广告投放在网络在线平台上。

在线广告市场的增长不仅得益于互联网广告预算的增加，还得益于未来几年数字广告高价格的预期，以及新兴的电子商务市场的发展与发行商和网络运营商的支持。社交网站的巨大影响力让在线广告需求量大增。波兰的社交媒体渗透率在过去几年一直处于上升趋势，超过50%的波兰成年人（即18岁以上的用户）使用社交媒体。社交媒体被18至24岁的年轻用户广泛使用，其次是35至64岁的用户，然后是65岁及以上的用户。脸书、nk.pl和推特是波兰人最常用的平台。脸书在波兰的渗透率超过64%，2017年，波兰40%以上的人口在所有社交媒体网站上都有活跃账户。自2011年以来，波兰社交媒体平台上的广告支出呈多元化增长，社交媒体用户群和用户花费在这些平台上的时间不断增加。

2019年，波兰在线广告业支出近50亿兹罗提，相比2018年增加了近5亿兹罗提，同比增长了10.4%，从而保持了两位数的增长速度。（见图9-16）互联网加强了在线广告在广告业中的领先地位，份额占比为32.2%。就具体广告形式而言，展示广告占比约为48.7%，其次是付费搜索广告，占比约为31.7%，付费分类广告占比约为17%，付费电子邮件广告占比约为1.7%。

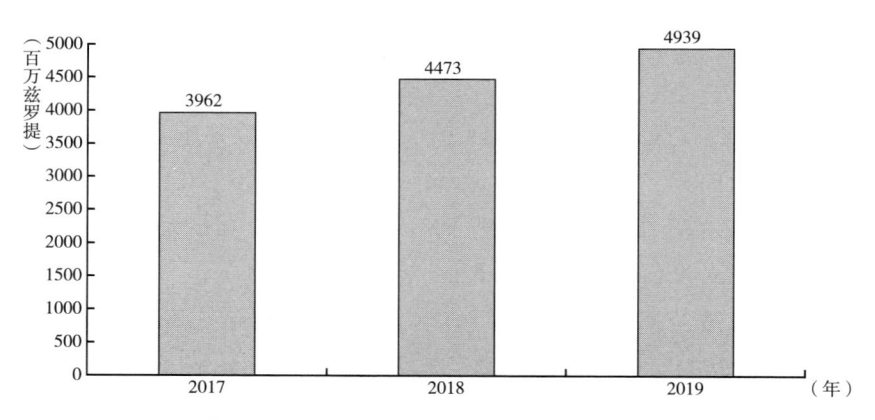

图 9-16　2017~2019 年波兰在线广告业支出

资料来源：波兰互动广告局（IAB Poland）相关数据。

（二）波兰广告业管理机制

不正当竞争　根据波兰《不正当竞争法》，广告也可能构成不正当竞争行为。广告代理商或其他广告企业若投放了违反法律、习俗的广告，将构成不正当竞争行为。即使广告不违反法律的规定，如果它违反相应道德准则或侵犯人的尊严，也可能构成不正当竞争行为。

产品展示　产品展示的目的是展示或引用商品、服务或商标。在电影、电视节目、体育节目和娱乐节目中都可以展示产品。展示的产品可以以收费或免费的形式（例如奖励或道具）进行交易。包含产品放置位置在内的产品信息，相关节目必须在节目开始之前、完成之后以及广告中断后恢复播放时，以图形或音频信号的方式清楚地标记出来。禁止在节目进行中过度暴露产品并直接鼓励消费者购买该产品。

饮料/酒精　根据相关反酒精法案，波兰禁止酒类广告，但啤酒的广告是被允许的，前提是其遵守某些限制性的规定。

香烟　1995 年 11 月 9 日颁布的《保护公众健康抵制烟草的法案》是波兰控制烟草的主要法律。该法律几乎全面禁止烟草广告和促销活动。在销售点，可能会有烟草产品的展示，但消费者无法看到。烟草赞助禁止误导性包装和标签，包括"轻"和"低焦油"等字样以及其他标志。对于无烟烟草制品，仅文字警告就必须占据包装表面 30% 的面积，并位于可见部位。

药品 药品广告受《药品法》的管制（波兰法律期刊/Dz.U.D.2008 年第 45 号第 271 项，以及经修订的卫生部关于 2008 年 11 月 21 日药品广告的规定），并受相关条例的限定。有关更多信息，请访问波兰药品检验局的网站：https://archiwum.gif.gov.pl/。

游戏 根据《赌博法》的规定，禁止在波兰境内制作视频彩票、圆柱游戏、纸牌游戏、博彩和机器游戏类广告。

语言 广告中一般使用波兰语。

规范管制组织 广告理事会（EASA 协会会员），国家广播理会。

其他具体规定 可参见波兰投资贸易局网站：https://www.paih.gov.pl/polish_law/advertising#2。

广告道德守则[①] 广告道德守则是在波兰共和国境内从事广告活动的企业家，尤其是广告商和其他法人、自然人和无法人资格的组织单位应遵循的一套原则。其包含的标准来源是公认的道德原则和良好的市场惯例，尤其是商业道德标准以及欧洲广告标准联盟（EASA）推荐的有关营销传播的道德标准。该守则的目的不是取代强制性法律规定，而是对适用于守则的实体施加了额外的限制。其中规定了波兰境内广告不得包含歧视性内容，尤其是基于种族、宗教信仰、性别或国籍的歧视性内容，不得包含煽动暴力的元素，如没有必要（例如，出于某些社会原因或预防原因）。广告不得通过随机事件来激发消费者购买产品的动机，从而引起消费者的焦虑或恐惧感等。

（三）波兰广告业相关组织

波兰互动广告局[②]（Interactive Advertising Bureau Poland，IAB Poland）是一家波兰广告行业组织，它联合并代表波兰相关互动在线广告行业的实体。IAB Poland 的成员包括 200 多家公司，其中包括最大的门户网站、全球知名

[①] "KODEKS ETYKI REKLAMY," https://radareklamy.pl/kodeks-etyki/.

[②] 关于波兰互动广告局的简介，参见其网站 https://iabeurope.eu/members/iab-poland/.

媒体集团、互动机构、媒体机构和技术供应商。该组织在 2012 年获得了欧洲 MIXX 奖，该奖项用来表彰欧洲最佳的互动广告组织。IAB Poland 的使命是支持波兰互动在线广告行业的发展，并采取监管措施来增强其市场竞争力，开展研究项目，领导相应教育项目并为成员提供法律保护。该组织与美国和欧洲的相关组织机构（例如 IAB Europe 等）以及全球和本地的其他组织密切合作。IAB Poland 宣扬许多旨在对市场和互联网用户有积极影响的倡议，例如"青少年安全上网""观看合法内容""关于 Cookie 的一切""评论而不是冒犯""有意识地进行广告宣传，公平广告倡议"等。

波兰广告委员会（Advertising Council）于 2006 年成立，是一个友好开放的组织，多年来一直推广最高标准的广告，从而保护消费者免受不道德和不诚实的广告信息的侵害。该组织致力于自我监管，深信这是在市场上制定正确标准最有效的方法。其下设立理事会，主要职能是在广告市场参与者和与之相关的其他利益相关者之间进行协调；宣传《广告道德守则》的标准，不断提高广告活动标准；同时不断根据社会、法律和技术的变化调整广告道德规范，监督《广告道德守则》的遵守情况。

波兰广告展（Rema Days Warsaw）作为中东欧地区最大的广告展，每年有将近 15000 人次观展，主要辐射本国市场。该展会于 2005 年开始举办，已经成功举办 14 届。2019 年的展会吸引了 795 个参展商和 21000 名参观者参会，涉及广告及印刷等 11 个领域。在展会上，展会的参与者将看到最新的解决方案、顶级产品和世界趋势，能够从中获得创意灵感，并全面获取行业动态变化的信息。该展会是相关从业者建立国际业务关系和建立有价值的贸易联系的绝佳机会。最近一届展会将于 2021 年 2 月 10 日至 12 日举办。

六　艺术教育领域

（一）独立的艺术教育体系

波兰已建立从小学、中学到大学的完整艺术教育体系。所有艺术院校均由波兰文化和国家遗产部监管，其中部分院校由文化和国家遗产部直接管理。公立艺术学校由当地政府部门运营，私立艺术学校则由基金会、协会或个人直接管理，部分私立艺术学校享有与公立艺术学校同等的地位。

如今的艺术教育不再继续坚持以往基于"导师—学生"关系的传统教育模式，而是积极根据当今世界的种种变化做出调整。现在的波兰艺术教育逐渐现代化、有创造力且敢于迎接新挑战，会根据学生期待和市场需求调整教学计划，同时还会持续升级并接纳新资源。波兰艺术教育已建立起一套连贯、有效的"金字塔"体系。"金字塔底"是初级学校，第二层是中级学校，最高层是高等教育学校。

1. 初级和中级艺术教育

截至 2016 年，波兰初级和中级阶段的艺术学校有 755 所，共有 98475 名学生在读，其艺术教育主要关注单个特定的艺术领域，如音乐、视觉艺术或者舞蹈。

在进行教育体制改革后，有以下几个种类的公立和私立学校提供通识教育和艺术教育。

• 初级阶段的普通音乐学校：包括初级阶段的 8 年教育和最终学年的"八年级测试"和结业考试。

• 中级阶段的普通音乐学校：学制为 6 年。从该类学校毕业的学生通过专业学位考试，即可获得专业音乐家认证书。该类学校还为学生提供参加中级学校"全球"毕业考试的机会，提供小学七、八年级的初等教育，继而提供中等教育，第二年进行"八年级测试"。

• 普通视觉艺术中学：学制为 5 年。从该类学校毕业的学生通过专业学位考试，即可获得专业视觉艺术家认证书。该类学校还为学生提供参加中等学校"全球"毕业考试的机会。它们主要提供小学四至七年级的初等教育，继而提供中等教育，第五年进行"八年级测试"。

单独提供艺术教育的学校包括以下几类。

初级阶段的音乐学校：学制根据学生的年龄分为 6 年或 4 年。这类学校提供专业音乐教育的基础教育，并在最后一年进行毕业考试。

中级阶段的音乐学校：学制根据学生的专业选择分为 6 年或 4 年。从该类学校毕业的学生通过专业学位考试，即可获得专业音乐家认证书。

舞蹈学校：学制为9年。从该类学校毕业的学生通过专业学位考试，即可获得专业舞蹈家认证书。

马戏艺术学校：学制为3年。从该类学校毕业的学生通过专业学位考试，即可获得专业马戏艺术家认证书。

音乐继续教育学院：学制为3年。从该类学校毕业的学生通过专业学位考试，即可获得专业音乐家或音乐剧表演艺术家认证书。

视觉艺术继续教育学院：学制为2年。从该类学校毕业的学生通过专业学位考试，即可获得专业视觉艺术家认证书。

2016年，文化和国家遗产部共管理259所学校和教育机构（包括8所寄宿制学校），其教职员工共计10769人，在校学生共计55986人。

文化和国家遗产部还负责监督146所由当地政府运营的学校。这些学校在职员工有5694人，在读学生有29395人。文化和国家遗产部还负责监督350所私立学校的工作，其中164所享有公立学校的权利。以上学校共有3064名在职员工和13094名学生（见图9-17、图9-18）。

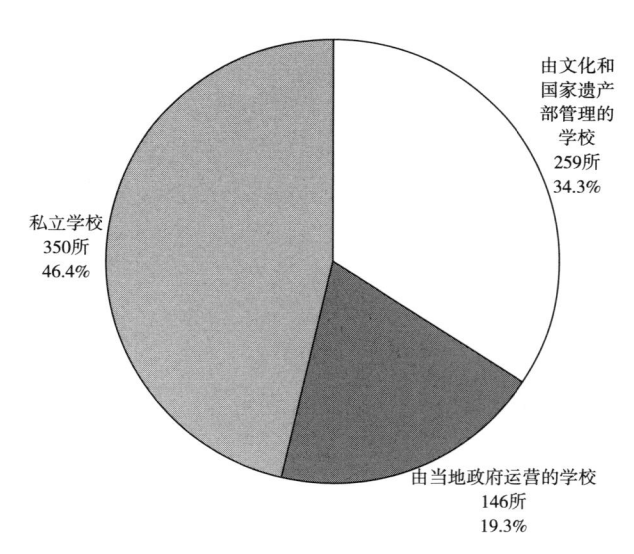

图9-17 2016年波兰初级和中级阶段的艺术学校数量分布

资料来源：波兰教育信息系统。

第九章 重点行业市场发展现状

私立学校
13094人
13.3%

由当地政府
运营的学校
29395人
29.9%

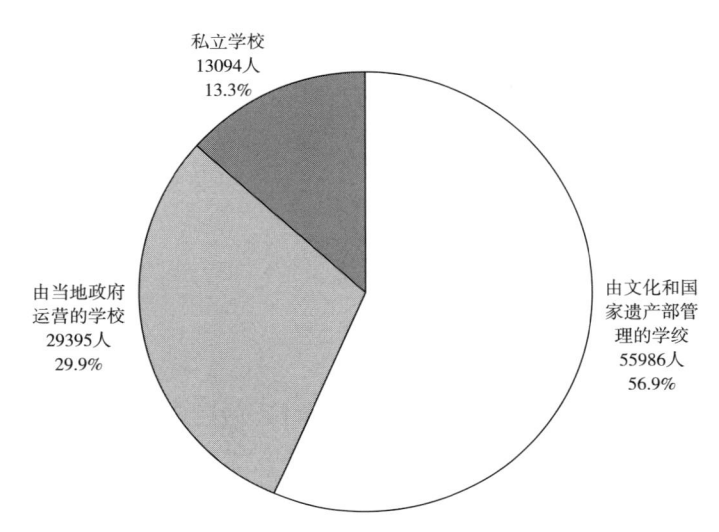

由文化和国家遗产部管理的学校
55986人
56.9%

图 9-18　2016 年波兰初级和中级阶段的艺术学校学生数量分布
资料来源：波兰教育信息系统。

音乐类小学在艺术学校体系中占据主导位置。音乐类小学不仅为学生提供一种特定乐器的训练，还同时提升学生的音乐鉴赏能力。除了日常教育工作，音乐类小学还经常组织音乐会和大量的音乐类比赛。在日常学习中，学生练习演奏一种选定的乐器，比如钢琴、大键琴、管风琴、小提琴、中提琴、大提琴、低音提琴、吉他、竖琴、手风琴、低音管、长笛、单簧管、双簧管、长号、短号、萨克斯管、小号、大号以及打击乐等。学生可以选择在伴奏下单独上课，也可以选择上集体课，如耳韵训练、乐器合奏、管弦乐队以及合唱队等。小学音乐教育还包括对音乐录音听力训练的理论课。音乐类小学中最有天赋的学生将在中学阶段继续接受音乐教育，以得到音乐或音乐剧表演的学位证书。该证书可用于申请音乐类专业院校。

2. 高等艺术教育

波兰视觉艺术教育分为两个阶段：中等视觉艺术院校，其毕业生可取得视觉艺术专业的学位证；其次就是高等视觉艺术院校。视觉艺术院校提供下列核心课程：艺术史、素描和绘画、雕塑、基础设计以及模块化课程。模块化课程包括多媒体、摄影、集体艺术项目以及特定专业性或职业性课程。这些课程旨在培养学生广泛兴趣，让学生收获多样知识。

芭蕾舞教育也分为两个阶段：中等职业艺术院校，其毕业生可获得专业舞蹈演员认证书；高等音乐院校。舞蹈学校设立以下核心课程：传统舞、现代舞、民族舞和特色舞蹈、节奏训练、音乐录音、舞蹈史、化妆基础以及模块化辅助课程。

马戏艺术学校，学制为3年，从该类学校毕业的学生通过专业学位考试，即可获得专业马戏艺术家认证书。

2016年，波兰共有19所高等艺术大学，包括8所音乐院校、7所视觉艺术院校、2所戏剧院校、1所电影与戏剧院校和1所教授音乐和视觉艺术的院校。以上院校在校学生共计16000人，占波兰接受高等教育学生总人数的1%（见图9-19）。

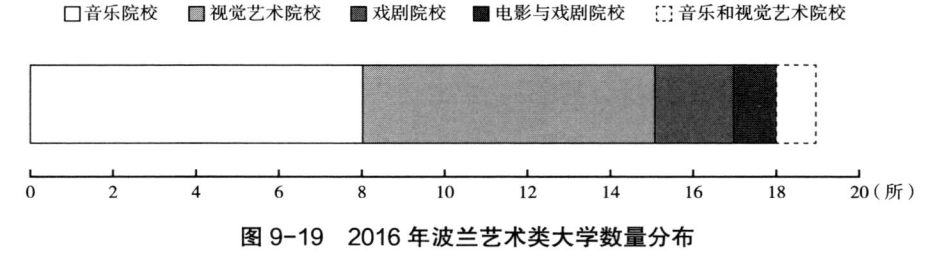

图9-19 2016年波兰艺术类大学数量分布

资料来源：波兰教育信息系统。

（二）艺术教育保持较高需求

尽管波兰人口数量出现下降，但国内对于艺术教育的需求依然不减。2017年，大学艺术专业在招生过程中收到的申请数，在有的大学甚至可以达到每个地区20份。此外，艺术教育领域留学生人数占到学生总数的3%，相比之下普通高等教育领域该比例仅为1%，可见波兰艺术教育水平同样得到了国际艺术教育市场的认可。

波兰艺术教育的基本宗旨是关注每个学生的个体发展。基于"教授—学生"关系的特定教学方法，会有效塑造学生的性格、敏感度以及创造能力。艺术类大学根据社会文化生活的管理和组织来时时调整教学计划。同时，接受过艺术类大学中艺术与文化管理类教育的学生还具备成为最优秀的文化经理的潜力。因此，高等艺术院校不只是培养专业艺术家，也培养艺术机构和艺术基地的专业管理人才。学校和大学不仅在法律意义上属于文化机构，它们同时也是其当地社区关键的文化中心。它们向广大观众呈现的大量的音乐会、展览和其他文化活动常常是免费的，或者只收取少量象征性的费用，这些活动为专业机构的发展提供了大量的机会。

（三）专门的艺术教育奖励政策

波兰文化和国家遗产部每年都为成绩优异的艺术本科生、研究生、博士生提供奖学金，还通过"青年波兰"等项目支持学生在艺术领域的发展。同样，在国家教育日，波兰文化和国家遗产部、波兰艺术教育中心会为杰出教师颁奖以表彰他们在艺术教学上取得的成绩。此外，文化和国家遗产部还会将艺术奖金、文化进步奖金授予在推动艺术发展、文化进步以及国家遗产保护方面做出突出贡献的人士。而在发展和保护文化方面发挥助力作用的优秀艺术家，也会受到文化和国家遗产部的表彰。

七 博物馆领域

（一）博物馆行业数字化发展加速

2012年波兰政府开始启动"博物馆数据"项目，旨在打造波兰博物馆数据库，同时使其服务于公共与私人组织及机构。2016年，波兰共收集到232个博物馆的数据，所涉及的博物馆数量占到全波兰博物馆数量的25%。利用数字化手段进行展览已经成为波兰博物馆保存与展览藏品的常用手法，2016年有63%的博物馆运用了藏品数字化技术。2016年，在所有已建立虚拟文物数据库并且参与调查的博物馆中，63%的博物馆声明正在进行藏品数字化方面的工作。

自2010年起，波兰文化和国家遗产部与特区营销传播协会合作，推动"遗失博物馆"项目实施。该项目意图采用多媒体手段，使用建筑物外部立面的大型显示屏宣传展示博物馆相关主题内容。到2017年，"遗失博物馆"已成为"博物馆之夜"活动的传统项目。波兰官方部门于2017年举办了第八届"遗失博物馆"电影首映礼,发布了一部关于贾吉隆人(Jagiellonian)挂毯在战时及战后的经历与下落的电影。这个轰动一时的故事以特鲁希申斯克(Truścińsk)的画作的形式展现,并配以休伯特·泽姆勒(Hubert Zemler)作曲的音乐,影片还提及了几件尚在寻找的波兰战时遗失文物。据组织者统计,2013年至2017年"遗失博物馆"项目推出的相关影片已经吸引了110万名观众,平均每年有33万~36万人观看。

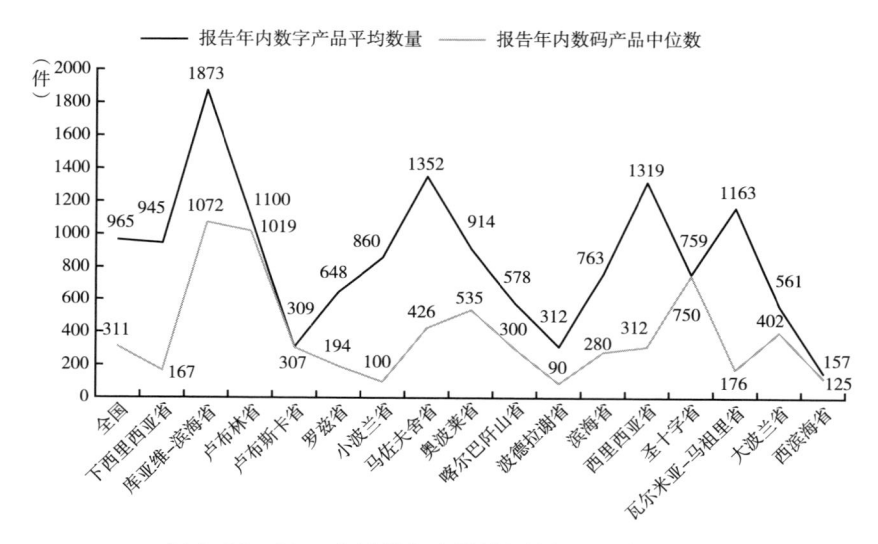

图 9-20 2017年波兰各省份博物馆数字化藏品数量

资料来源:波兰博物馆数据统计项目研究数据。

(二)文物修复成为博物馆发展的重点关注领域

根据波兰《博物馆法》,博物馆的职责包括馆内藏品的保护与维护。现在,博物馆通常会选择以修复和数字化展品的方式来保存文物。在修复文物方面,2016年,波兰62%的博物馆表示会进行综合性修复,40%的博物馆表示会进行部分修复,51%的博物馆表示会进行预防性修复。预防性修复是最普遍的文物修护方式,因为这种方式最节省时间与财力。在进行综合性修复的文物中,数量最多的为考古文物和人种学文物,很大一部分原因是这两种文物通常体型偏小(见图9-21、图9-22)。

第九章 重点行业市场发展现状

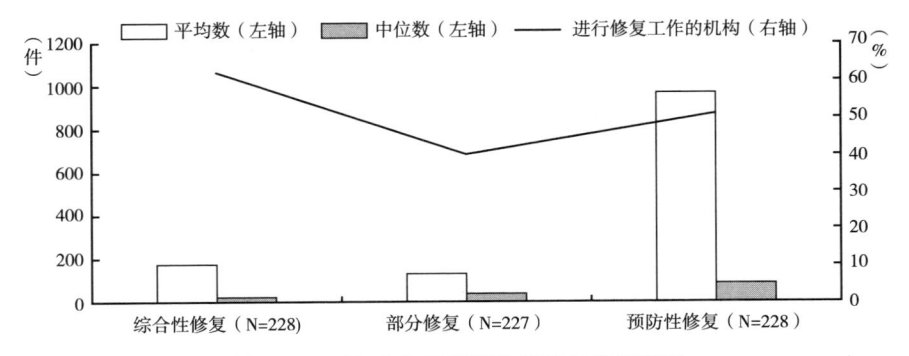

图 9-21　2016 年波兰博物馆藏品修复情况

注：N 代表博物馆数量。
资料来源：波兰博物馆数据统计项目研究数据。

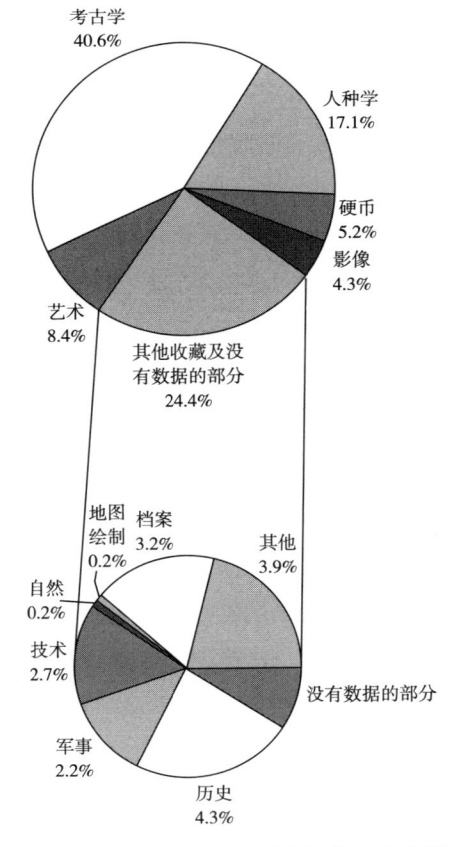

图 9-22　2016 年波兰博物馆综合性修复文物种类分布

资料来源：波兰博物馆数据统计项目研究数据。

（三）博物馆空间利用率高，展览内容丰富

博物馆的主要作用是收集藏品并展示给公众，展示藏品主要是通过展览工作来完成的。截至 2016 年，全波兰 94% 的博物馆拥有永久性的展览，仅 2016 当年就有 25% 的博物馆开办了新的永久性的展览，同时 39% 的博物馆对其现有展览进行了改造。

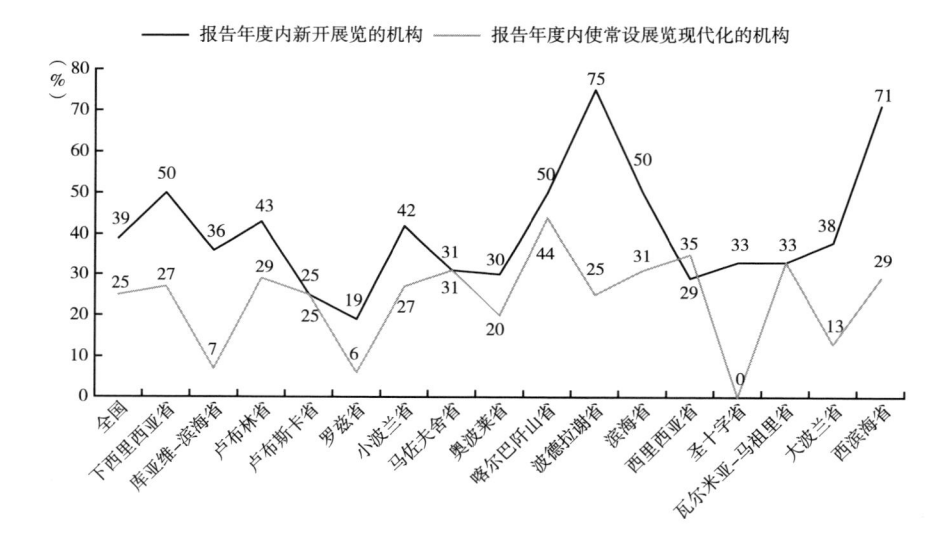

图 9-23 2016 年波兰各省博物馆永久性展览需求

资料来源：波兰博物馆数据统计项目研究数据。

（四）教育活动成为博物馆主要活动形式

2016 年，波兰 92% 的博物馆开设了教育课堂，同时有 76% 的博物馆举办了研讨会。相比之下，音乐会、戏剧演出等文艺活动在博物馆举办的频率则低得多。博物馆教育活动的不断增多，主要受公众对于参与博物馆教育活动的需求推动（见图 9-24）。

受公众参与教育活动的频率增高的驱使，博物馆教育活动的数量不断增多。博物馆也因此减少举办传统活动，比如音乐会（55% 的博物馆举办音乐

会）或者戏剧演出（27%博物馆举办戏剧演出）。图9-24也展示了博物馆组织的相关活动数量的平均数和中位数。中位数是一个中间价值标准，显示出50%的博物馆举办了少于中位数数量的活动，另外50%的博物馆则举办了超过中位数数量的活动。①

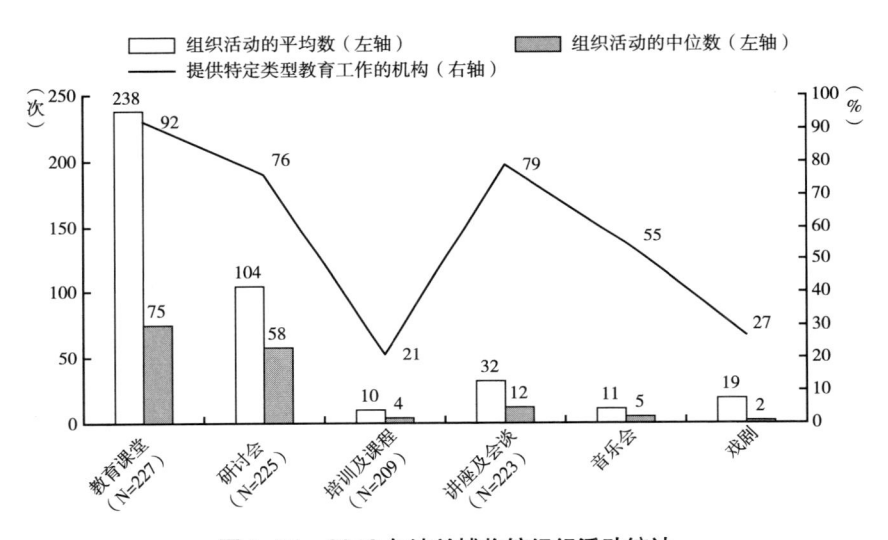

图 9-24 2016年波兰博物馆组织活动统计

注：N代表活动次数。
资料来源：波兰博物馆数据统计项目研究数据。

此外博物馆也会进行各类学术出版工作。71%的博物馆出版过至少一部具有国际标准书号（ISBN）或国际标准连续出版物编号（ISSN）的刊物，其中最受欢迎的出版物有展品概览、图册与相片集等。

（五）私立博物馆发展呈增长态势

波兰文化和国家遗产部每年都能收到约100份博物馆执照或授权的

---

① 博物馆教育课堂的例子说明了指标之间存在差异。这是因为对于区域性的小型博物馆来说，在绝对数量上，区域内的大学有决定性作用。小型博物馆能举办的活动比较少，然而大型博物馆每年都能举办数量众多的令人印象深刻的活动，因此拉高了平均数。

申请（2015年共有113份申请，2016年共有100份申请），其中大部分来自私立博物馆，即由自然人、法人或具有法人资格的组织单位赞助的博物馆。

2017年，来自私立博物馆的申请数量可占到全部申请总数的64%（见图9-25）。这些数据表明由自然人、法人或具有法人资格的组织单位赞助的博物馆数量将显著上升。根据文化和国家遗产部的相关调查，这一趋势已经存在多年。面对这一趋势，波兰国家博物馆和公共收藏品机构也在积极地为私立博物馆的组织者、员工及高管提供相关培训。

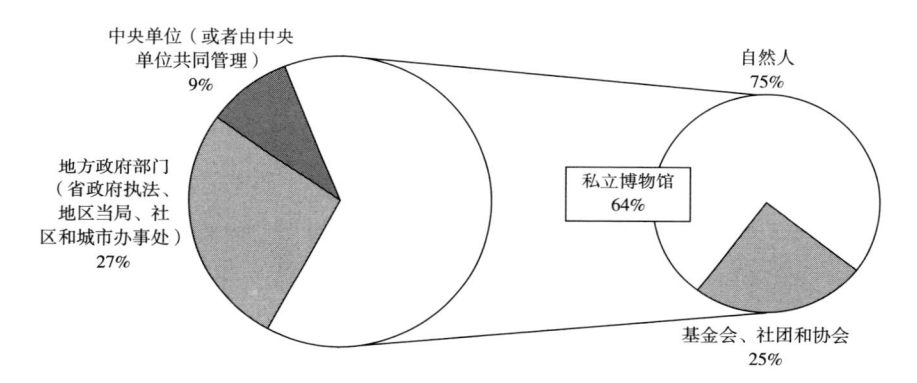

图9-25 2017年申请执照或授权的博物馆组织分布

资料来源：波兰文化和国家遗产部、全国博物馆研究院以及公开收集的数据。

八 文化遗产领域

二战结束以来，波兰一直致力于对流失文物的追寻。2017年更是将民族文化遗产的修复列入法律。

（一）波兰已建立系统的古迹监测与修复体系

波兰国家遗产委员会撰写了《2014—2017年国家文物保护和监管计划》中的《关于波兰不可移动古迹保存状况报告》（A、B册），撰写此报告的主要目的是在波兰文化创意产业不断发展的背景下,加强对文化遗产的保护。以波兰国家遗产委员会收集的国家古迹清单以及在此基础上建立的古迹数据库为基础,现存古迹基本被登记在案(见表9-13)。

表9-13 截至2017年6月30号古迹记录册中在录的古迹

单位:处

省份	固定(A册)	考古(B册)	非固定(B册)	总计
下西里西亚省	8738	1480	39376	49594
库亚维-滨海省	3438	190	10308	13936
卢布林省	4240	176	19254	23670
卢布斯卡省	4490	539	6568	11597
罗兹省	2811	143	14407	17361
小波兰省	5981	488	25816	32285
马佐夫舍省	7382	406	22273	30061
奥波莱省	3312	1219	8367	12898
喀尔巴阡山省	5010	480	52241	57731
波德拉谢省	2391	276	4535	7202
滨海省	3552	566	6040	10158
西里西亚省	4084	241	7818	12143
圣十字省	1895	210	13762	15867
瓦尔米亚-马祖里省	6173	286	5235	11694
大波兰省	7757	677	23494	31928
西滨海省	3934	370	2236	6540
总计	75188	7747	261730	344665

资料来源:国家遗产委员会相关数据。

1.对波兰境内古迹的核查与统计

2009~2015年,波兰国家遗产委员会对所有在2008年9月30日之前登记在册的不可移动古迹项目进行了核查。核查的内容包括对古迹保护状态及记录文件的行政分析,以及对相关证据材料的收集分析、实地考察等。共核查了**63919**处古迹,包括纪念碑、建筑物、绿地、墓地等。此次核查的目的是确定法律保护下古迹的实际状况，并找出存在的潜在威胁及其原因。此次核查根据保护状况将所有古迹划分为6类：不存在的古迹（已不复存在，但仍记录在册的古迹）、丧失传承价值的古迹（由于缺乏保护而被大规模破坏或已被施工工程损坏的古迹）、濒危古迹（还未丧失其传承价值的古迹）、转移至博物馆名下的古迹（尽管被列入博物馆名下，但仍在古迹记录册中留名的古迹）、易位古迹（被记录在册后又被转移到别处的古迹）、其他古迹（因为信息不足而无法分类的古迹）。

表9-14 截至2017年6月30号登记在册的不可移动古迹统计报告（A册）

单位：处

省份	城市	祭典	防御	工业	设施	居住	墓地/墓园/宫殿	公用设施	通信	宅邸	绿化区	小建筑物	其他	总计
下西里西亚	132	1388	276	451	641	2709	797	738	67	332	831	56	320	8738
库亚维-滨海	20	539	153	214	258	668	596	227	9	132	409	10	203	3438
卢布林	43	826	152	115	233	764	484	223	76	327	554	148	295	4240
卢布斯卡	34	554	143	172	250	2442	283	202	14	59	199	19	119	4490
罗兹	34	515	44	211	118	720	314	196	11	141	388	24	95	2811
小波兰	57	930	168	131	363	1788	466	382	49	409	419	140	679	5981
马佐夫舍	130	999	127	395	292	2292	781	633	56	368	907	82	320	7382
奥波莱	32	573	100	154	205	1222	190	189	40	125	229	79	174	3312
喀尔巴阡山	48	1094	167	126	262	1511	357	310	36	280	349	184	286	5010
波德拉谢	66	526	19	121	101	718	109	161	9	313	109	28	111	2391
滨海	58	501	176	229	294	1035	323	278	24	120	273	33	208	3552
西里西亚	65	609	70	285	265	1666	235	405	40	74	187	37	146	4084
圣十字	34	500	48	87	70	281	210	84	16	182	223	24	136	1895
瓦尔米亚-马祖里	63	609	164	350	523	2215	383	316	67	597	433	280	173	6173

- 152 -

续表

省份	城市	祭典	防御	工业	设施	居住	墓地/墓园/宫殿	公用设施	通信	宅邸	绿化区	小建筑物	其他	总计
大波兰	130	1172	77	417	740	1880	1067	549	30	340	1034	32	289	7757
西滨海	53	869	112	210	178	477	381	310	44	297	743	19	241	3934
总计	999	12204	1996	3668	4793	22388	6976	5203	588	4096	7287	1195	3795	75188

资料来源：波兰国家遗产委员会相关数据。

表9-15　截至2017年6月30号登记在册的不可移动考古遗迹统计报告（B册）

单位：处

省份	山堡	定居点/营地	墓地	原材料产地	其他	总计
下西里西亚省	250	898	180	31	121	1480
库亚维-滨海省	156	17	10	0	7	190
卢布林省	51	6	99	2	18	176
卢布斯卡省	45	374	89	4	27	539
罗兹省	70	23	39	0	11	143
小波兰省	46	328	27	13	74	488
马佐夫舍省	82	186	69	10	59	406
奥波莱省	100	875	50	30	164	1219
喀尔巴阡山省	62	271	75	2	70	480
波德拉谢省	51	38	181	1	5	276
滨海省	119	196	231	11	9	566
西里西亚省	42	100	24	5	70	241
圣十字省	26	78	23	12	71	210
瓦尔米亚-马祖里省	164	56	47	0	19	286
大波兰省	249	286	114	3	25	677
西滨海省	243	69	53	1	4	370
总计	1756	3801	1311	125	754	7747

资料来源：波兰国家遗产委员会相关数据。

表 9-16　截至 2017 年 6 月 30 日登记在册的可移动古迹统计报告（B 册）

单位：处

省份	艺术及手工遗迹 教堂内部	艺术及手工遗迹 收藏品	其他	技术遗产	总计
下西里西亚省	34195	392	4408	381	39376
库亚维-滨海省	9684	88	453	83	10308
卢布林省	17020	779	1375	80	19254
卢布斯卡省	5705	0	692	171	6568
罗兹省	12783	602	928	94	14407
小波兰省	21227	1087	3453	49	25816
马佐夫舍省	14090	3538	3099	1546	22273
奥波莱省	7124	744	436	63	8367
喀尔巴阡山省	14431	36345	1352	113	52241
波德拉谢省	3955	65	502	13	4535
滨海省	5790	65	139	46	6040
西里西亚省	4897	2193	667	61	7818
圣十字省	11331	1251	1084	96	13762
瓦尔米亚-马祖里省	4810	265	78	82	5235
大波兰省	21284	1036	915	259	23494
西滨海省	1990	4	112	130	2236
总计	190316	48454	19693	3267	261730

注：可移动的技术遗产一同记录在册。
资料来源：波兰国家遗产委员会相关数据。

2. 对古迹价值的评估

在所有核查的 7100 处古迹中，超过半数古迹（3984 处）被归类为尚未丧失传承价值的濒危古迹，同时有 1864 处古迹被证实已经不复存在，641 处古迹丧失其传承价值，154 处古迹被转移至博物馆名下，86 处古迹转移到其他地点（包括转移至私立博物馆或其他组织经营的露天博物馆）。不符合上述分类条件的古迹被视为安全古迹，其中包括保留传承价值的古迹、技术条件良好的古迹以及需要不同程度翻新的古迹。未出现在此次核查中的古迹暂时不需要紧急保护。

经核查发现造成古迹濒危最常见的原因是缺乏持续的修护措施（占比 68%）、使用率太低（占比 60%）以及建筑本身材料的磨损（占比 60%）。

在古迹内进行不适当的施工和改造工程而对古迹造成损害的情况较为罕见，例如在古迹内进行现代化改建、扩建或在附近建筑内施工（占比6%），又例如在古迹附近进行交通基础设施建设或新建筑物的建设（占比3%）。

造成古迹丧失其传承价值的常见的原因有两点，一是其原始历史形态的改变，二是现代化的发展与适应性的改变导致古迹的真实构造被破坏（占比65%）。这里主要指仍在使用的古迹建筑，其内部通常拥有良好的技术条件，例如住宅、公用建筑、车间、工业建筑、宗教场所和高档住宅等。因科学技术和经济的发展，这些建筑已经丧失其主要用途从而丧失了其遗产价值。还有一些建筑通常是由于被废弃，随后又被长期破坏，才丧失其传承价值（这些建筑物包括风车、庄园农场和一些工业建筑等）。

在不存在的古迹和丧失传承价值的古迹两个分类中，木材建筑古迹最多。它们占法律保护下古迹总量的11%、不存在古迹总量的39%以及丧失传承价值古迹总量的19%。

表9-17　2009~2015年核查的古迹记录册中各省不可移动古迹情况

单位：处

省份	验证项目数量	非存在遗迹	价值遗失	濒临灭绝	露天博物馆	移位的	未经确认的	验证组别中记录项目总数量
下西里西亚	7864	181	39	726	5	2	24	977
库亚维-滨海	2817	50	19	167	2	1	8	247
卢布林	3693	24	24	65	2	3	3	121
卢布斯卡	4029	276	49	84	10	1	105	525
罗兹	2455	67	11	146	5	5	14	248
小波兰	4917	200	50	390	30	12	7	689
马佐夫舍	6471	106	38	171	7	7	20	349
奥波莱	2856	149	112	239	12	2	34	548
喀尔巴阡山	4232	101	49	156	25	11	43	385
波德拉谢	2126	85	43	75	1	11	0	215
滨海	3214	90	27	216	21	6	9	369
西里西亚	3653	159	50	309	12	3	17	550

续表

省份	验证项目数量	非存在遗迹	价值遗失	濒临灭绝	露天博物馆	移位的	未经确认的	验证组别中记录项目总数量
圣十字	1585	15	27	74	2	0	3	121
瓦尔米亚－马祖里	5733	172	45	351	6	10	55	639
大波兰	6698	104	32	327	14	11	20	508
西滨海	3139	85	26	488	0	1	9	609
总计	65482	1864	641	3984	154	86	371	7100

资料来源：波兰国家遗产委员会相关数据。

按照国家文物保护和监管计划的指导方针，2016年，相关部门对不可移动古迹进行了额外的实地考察。这项研究选取了古迹记录册中1303处具有代表性的不可移动的古迹作为样本。此次研究使用了目的随机抽样与分层抽样的调查方法。其目的是在真实的文化遗产结构和历史形态的背景下，根据这些古迹的现实技术状况获得关于其受保护状况的信息。

集中核查古迹可以从其总体技术状况、历史建筑构造保存情况以及历史形态的保存情况等方面确定其总体保存状况。根据这些要素，可以进行古迹的总体保存状况评估，并将重点放在确定其传承价值这一部分上。

古迹保存状况总体评估结果显示：13.2%的古迹保存完好，49%的古迹保存较好，32.4%的古迹保存一般，5.4%的古迹保存存在较严重问题（见图9-26）。

按照古迹总体技术状况，评估结果可以分为以下几类：无损坏（占比27.9%）、轻度损坏（占比42.3%）、中度损坏（占比23.3%）和严重损坏（占比6.5%）。按照古迹历史建筑构造保存的情况，评估结果如下：7.8%的古迹保存完好，46%的古迹保存率较高，36.5%的古迹保存率为中等，9.7%的古迹保存率很低或无存留。按照古迹历史形态的保存状况，评估结果如下：22.9%的古迹保存完好，48.3%的古迹保存率较高，24.3%的古迹保存率为中等，4.6%的古迹的历史形态保存率很低或无存留。（本次评估结果以2016年由波兰国家遗产委员会主导的研究为基础，该研究的数据样本来自波兰1303处记录在册的具有代表性的不可移动的古迹。）

第九章 重点行业市场发展现状

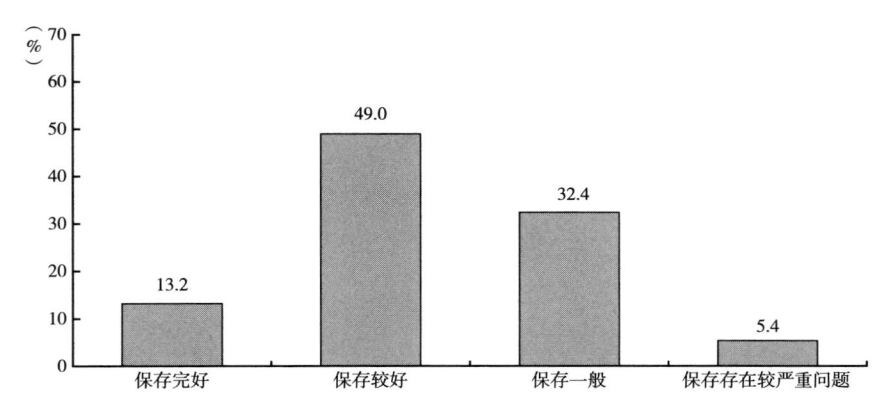

图 9-26　2016 年古迹保存状况总体评估情况

资料来源：波兰国家遗产委员会相关数据。

　　根据核查结果，古迹技术条件与历史建筑构造的保存程度之间存在一定的差异：27.9%的古迹无被破坏的迹象，但只有 7.8%的古迹完全保留了历史建筑构造。这个现象表明并非所有技术条件良好的古迹都是保存完好的。部分古迹由于被破坏而失去了原有的历史建筑构造，再加上长期缺乏维修、保护，以及不及时的翻新工程（这些翻新工程主要是重建或在一定程度上以破坏古迹的真实性为代价尝试改建）才造成了这个现象。

　　调查发现，古迹最佳的保存方式是被继续作为建筑使用，并沿用其原有的主要功能，比如宗教遗迹、住宅（特别是位于城市的住宅）和公共建筑等。在这些古迹中，保存状况最糟糕的古迹，多是多年来社会经济变化而使其失去了原有的主要功能的古迹，比如高档住宅、庄园农场建筑、绿地以及工业建筑等。

　　按照时间顺序，波兰保存最完好的古迹是那些最古老、有着毋庸置疑传承价值的古迹，保存状态最糟糕的古迹是 19 世纪的古迹。主要有三个因素导致了后者这个结果：古迹数量众多，其中濒危古迹（例如农场或工业建筑）的比例较大，当代社会对这些古迹接受度较低且缺乏对它们价值的认识和了解。

　　波兰古迹所在地方的大小和行政状况与当地古迹的总体保存状况有一定联系。在大城市中，特别是在拥有一定法定权力的城市里，保存完好的古迹数量要多得多，濒危古迹和失去文化传承价值的古迹的比例也最低。统计结果显示，在省级城市，处于完好保存状态或较好保存状态的古迹占比最高（74%），而在县城和其他地区，同类古迹占比分别为58%和59%。保存状况最差的古迹在小城市占比最高（6%），而同类古迹在县城占比约为1%。这就是相关经济因素（比如各机构的集中程度、城市地区的经济吸引力、大量自筹资金和不同来源的财政机遇等）导致的结果。随着人们保护古迹意识的增强，所在地的古迹保护委员会也能够更好地完成监督工作。

目前宗教团体持有的古迹保存状态最为完好（这些古迹不仅用于宗教活动），地方政府、机构和公司持有的古迹的情况也相似。但是一些私人所属的古迹保存情况则相对糟糕。国家拥有的古迹，从保护状况来看，已经出现了两极分化。有些古迹保存完好（如政府机构办公室），有些则处在丧失其传承价值的边缘（国家临时管理的遗产）。

（二）建立海外文化遗产保护网络

1. 设立专门的"保护海外文化遗产"项目

波兰海外文化遗产保护主要涉及两大方面：多元文化融合的波兰—立陶宛联邦的历史文化遗产，其涉及的范围延伸至如今与波兰共和国毗邻的许多主权国家的领土，比如立陶宛、白俄罗斯、乌克兰，还有一部分在拉脱维亚和摩尔多瓦；历代波兰移民的文化遗产（主要是政治移民），即在西欧、北美和世界各地创造、收集或保存的文化遗产。

波兰文化和国家遗产部专设"保护海外文化遗产"项目，由海外文化遗产与战争损失司及波兰海外文化部门负责执行。该项目通过拨款和提供融资机会，以维护和保存波兰海外文化遗产，以及实现波兰文化遗产知识的传播。"保护海外文化遗产"项目主要是支持以保护或维护特别有价值的海外文化遗产为目标的活动，以及以保护海外文化遗产或将其修复至适当状态为目标的活动。海外文化遗产与战争损失司为那些从事上述活动与属于上述范围的组织提供申请此项目的经费支持，该司将协助申请者开展相应的活动并对它们实施的情况进行质量检测。2017年，逾190个项目获得了项目拨款，资金总额达到约1200万兹罗提。海外文化遗产与战争损失司能够顺利实施该项目，也得益于波兰外交人员和当地政府代表之间的通力合作。

得到"保护海外文化遗产"项目支持的申请人要承担以下领域的工作：遗产保护；档案管理工作；宣传推广工作；参加海外文化遗产与战争损失司指定的活动；参与相关重要纪念日及节庆；出席在海外举行的波兰博物馆、档案馆和海外图书馆常设会议；出席在海外举行的波兰博物馆、档案馆和海外图书馆的开馆仪式；出访海外各国，共同推动文化遗产领域的合作。

波兰在各国有序开展海外文化遗产保护工作的具体情况，请见表9-18。

3. 设立"海外国家纪念馆"保护战争遗产

"海外国家纪念馆"计划是波兰政府为了向在海外的本国遇害人员提供体面的安葬场所，并保护其海外的安葬场所而发起的项目。该项目特别侧重于对安葬地和战争公墓的保护，对事关民族遗产的和与波兰名人及历史事件有关的地点与物品的保护，以及对波兰独立战争纪念碑、政权大屠杀和其他种族灭绝与种族清洗的战争罪行纪念碑的保护。该计划还注重重大历史事件的教育工作，以及对相关历史遗产知识的宣传普及，并且支持波兰侨民与海外社区开展纪念馆保护的志愿服务活动，以维护民族认同感。

表9-18 波兰在各国有序开展海外文化遗产保护工作的情况

序号	国家	地区	类型	内容	进展
1	乌克兰	别尔基切夫	保护工作	保护并翻新别尔基切夫圣母神殿的墙体	三期：北塔，东墙部分（延续）
		比洛吉里亚（原称Liakhivtsi）		应急修缮教堂屋顶	二期：替换屋顶
		比利斯夫齐		重建圣母玛利亚圣所	二期：彩饰保护并翻新
		贝尔扎尼		保护教区教堂圣坛拱顶的部分（延续）	
		威沃纳拉德（原称Krystynopil）		保护并翻新维希涅西（Wiśniewscy）家族的墓地礼拜堂	
		多罗毕齐		整修位于特鲁斯卡维卡（Truskawiecka）街的天主教公墓波兰墓碑	五期

续表

序号	国家	地区	类型	内容	进展
1	乌克兰	杜布诺		翻新杜布诺内波穆克（Nepomuk）教区教堂圣约翰像的正面	二期
		赫鲁西夫（Hrusiv）		翻新旧教堂	
		亚姆比尔（原称利沃夫普鲁士）		保护与翻新斯特热姆博什（Strzembosz）家族墓地礼拜堂的屋顶与正面	
		卡缅涅茨		保护波多利斯基教堂	五期
		库季		保护并翻新耶稣君王堂	
				保护并整修公墓内两座亚美尼亚墓碑	
		利沃夫	保护工作	保护并整修J.H.罗森的壁画（延续）及位于亚美尼亚大教堂内伊扎克·米科拉杰·伊萨科维奇（Izaak Mikołaj Isakowicz）神父的墓志铭	
				保护拉丁大教堂、贾布沃诺夫斯基（Jabłonowski）家族的基督受难礼拜堂，保护基督受难礼拜堂的彩色玻璃、罗列扬·李维斯基（Jan Śliwiński）制造的风琴	三期：修复壁画
				整修圣安东尼帕德夫斯基教堂内的圣母玛利亚祭坛	
				应急保护耶稣会圣彼得和圣保罗教堂的彩饰	五期
				整修利沃夫市内的利恰基夫（Lychakiv）公墓	十期
				保护前圣拉撒路医院的浮雕	
		洛帕京		保护并整修位于圣母玛利亚无原罪教堂内的斯特劳恩斯基（S.Stroiński）的壁画	十一期
		卢茨克		整修旧拉丁教堂内的壁画及家具，该教堂被指定为教区博物馆的展示区	
		奥利卡		应急保护牧师会圣三一教堂	四期
		波德盖齐		维护圣三一教堂	三期
		波摩瑞（Pomoriany）		整修约翰三世钟及钟楼	二期
		皮普·伊凡（Pip Ivan）		保护及维护华沙大学内的古天文气象观测台	

续表

序号	国家	地区	类型	内容	进展
1	乌克兰	拉瓦多	保护工作	修复天使长米迦勒修道院的屋顶	
		鲁德基		保护教区教堂的祭坛	二期
		斯托亚尼夫		翻新并保护圣心教堂	
		季夫里夫		安装巴洛克式圣米迦勒教堂的窗户	
		维任（Vizhnani）		翻新并保护圣尼古拉教堂	
		泽洛齐夫		翻新并保护教区教堂风琴	五期
		祖克瓦		保护圣劳伦斯教堂檐壁	三期
				保护波兰研究学生实地考察	二十七期
		利沃夫	档案管理工作	罗列波兰雕塑及相关藏品的馆藏清单，归档于利沃夫国家美术馆	
				准备印刷利沃夫国家美术馆馆藏波兰名人肖像画名录	
				在比迪赫特斯城堡群实现遗产数字化（该城堡群属于利沃夫国家美术馆的一部分）	
				发行"海外"系列《利沃夫国家美术馆馆藏古币》卷（*Antique Coins in the Collections of the Lviv National Art Gallery*）	
				罗列利恰基夫（Lychakiv）公墓的墓碑清单（延续）	
				罗列位于胡特舒奇纳（Hutsulshchyna）的犹太墓地清单	二期
				对位于南部地区前泰尔诺皮尔郡墓地群的波兰墓碑相关信息进行归档	
			宣传推广工作	出版科普书籍《利沃夫音乐》（*Music in Lviv*）、《从莫扎特到马杰尔斯基》（*From Mozart to Majerski*）、《作曲家、音乐家、制度》（*Composers, Musicians, Institutions*）	
				出版周年纪念期刊《利沃夫2017年鉴》（*Lviv Annual 2017*）	
				设计位于基洛夫格勒（原称叶利沙维特格勒）的卡罗尔·西曼诺夫斯基（Karol Szymanowski）博物馆的内部功能及展馆布局	

续表

序号	国家	地区	类型	内容	进展
2	白俄罗斯	格罗德诺	保护工作	翻新并保护列入文物保护名册的用于仓储的外围建筑（拉穆斯），该建筑于1796年建成，未来格罗德诺教区博物馆将选址于此（延续）	
		奥什米亚内附近的霍罗德尼基（Horodniki）		翻新并保护带有地下室的罗马天主教修道院墓地	
		伊维亚耶（Ivyanets）		整修方济各会教堂正面	
		利达		整修19世纪教区墓地	一期：确立工作范围，进行设计及预估所需成本
		卢日基（Luzhki）		应急保护圣米迦勒教堂东塔穹顶及其顶部的十字架	
		涅斯维日		维护罗马天主教圣体堂正面的彩饰	一期
		奥什米亚内附近的格莱德（Polany）		翻新并维护圣母玛利亚教堂	
		马卡里夫齐（Makarivtsi）		修复并维护十字架节日教堂的礼拜饰品	
		维捷布斯克		对原大教堂——圣巴巴拉教堂墙壁的防水层进行维护并翻新	五期
			档案管理工作	扫描储存于白俄罗斯国家历史档案馆拉兹威尔（Radziwiłł）档案分馆里的部分文件	三期
				对格罗德诺卡洛扎（Kalozha）圣鲍里斯和格列布教堂的文件进行归档、摄影测绘及开展研究工作	三期
				整理收藏于白俄罗斯图书馆内的尼亚斯维日（Nyasvizh）藏品原稿	二期
		博格达诺夫（Bogdanow）	宣传推广工作	展示费迪南德·鲁兹奇奇（Ferdynand Ruszczyc，1870-1936）的生平及其作品，并举办该艺术家诞辰150周年的纪念活动	

第九章 重点行业市场发展现状

续表

序号	国家	地区	类型	内容	进展
3	俄罗斯	圣彼得堡	保护工作	整修并维护圣彼得堡圣凯瑟琳天主教堂内的斯坦尼斯瓦夫二世奥古斯特墓碑	
		莫斯科	档案管理工作	罗列莫斯科全俄外国文学国家图书馆内扎卢斯基（Załuski）馆的一批藏书的清单	一期
				对莫斯科图书馆及档案馆内的波罗尼卡（polonica）音乐进行学术性研究，询问并罗列清单	
		圣彼得堡		取得位于圣彼得堡的俄罗斯国家历史档案馆内的电子版文件，开展项目研究并罗列清单	
		莫斯科		对俄罗斯国家古文献档案馆收藏的索别斯基（Sobieski）手工艺品进行初步研究	一期
4	立陶宛	维尔纽斯	保护工作	保护拉索斯（Rasos）墓地的四块墓碑	
				维护圣弗朗西斯和圣伯纳德教堂内圣坛的墙面彩饰	一期
				维护位于圣母玛利亚升天教堂内的圣艾文小教堂	二期
				维护圣灵教堂内由亚当·戈特洛布·卡斯帕里尼（Adam Gottlob Casparini）打造的风琴	一期
		Podbereze		维护耶伦斯基（Jeleński）家族出资兴建的两座家族纪念碑	
			档案管理工作	询问、研究并公布克里米亚卡拉派国家遗产（立陶宛联邦遗产的一部分）的相关信息	
		维尔纽斯	宣传推广工作	专为视障人士制作《古镇地图》（*map of the Old Town*）	
5	摩尔多瓦	基什尼奥夫	保护工作	保护波兰公墓的墓碑	
		拉斯科夫（Rașcov）		保护公墓内的墓碑	
6	格鲁吉亚	巴统	保护工作	保护公墓内的墓碑	

续表

序号	国家	地区	类型	内容	进展
7	捷克		档案管理工作	对捷克博物馆收藏的波罗尼卡（Polonica）进行归档	二期
8	斯洛伐克		档案管理工作	对勒沃卡国家档案馆收藏的波罗尼卡（Polonica）进行归档	三期
9	法国	杜尔日	保护工作	保护木制教区教堂（延续），维护讲坛	
		蒙特雷索尔		维护皮瓦瓦（Piława）盾徽的结构及其周边细节，盾徽位于布兰尼基家族墓地的礼拜堂内的西南墙上	
		巴黎		维护拉雪兹神父公墓内的弗里德里克·肖邦之墓	
				维护巴黎市内的历史和文学协会/波兰图书馆收藏的一组纸制藏品	
		旺斯		保护旺斯的亚历山大式别墅，该地未来将用于建造贡布罗维奇博物馆	
			档案管理工作	罗列协会档案馆中法国国内历史纪念碑及波兰公墓的清单（原称ATOZ清单）	
			宣传推广工作	出版书籍：杰西·吉德罗伊茨（Jerzy Giedroyc）的《1959—1982年的信件》（Letters 1959–1982），马雷克·科纳特（Marek Kornat）编辑的《社会纽带》（Towarzystwo Więź）	
				出版杰西·吉德罗伊茨（Jerzy Giedroyc）及博丹·奥萨杜克（Bohdan Osadczuk）两人往来的信件（地点是位于弗罗茨瓦夫内的扬·诺瓦克东欧学院）	
10	英国	伦敦	档案管理工作	继续实现统率参谋六局及关系（Relacje）集团文件的数字化，文件均存储于波兰地下运动研究受托机构	
				伦敦市内的约瑟夫·毕苏斯基研究所档案全部实现数字化，对泰特斯·菲利波维奇（Tytus Filipowicz）的藏品进行归档	
				对在英国的波兰人社区及私人档案馆（由卡尔塔中心基金会负责管理）中的藏品进行归档	三期

第九章 重点行业市场发展现状

续表

序号	国家	地区	类型	内容	进展
11	意大利	罗马	档案管理工作	罗列清单并实现指定文件的数字化，文件储存于罗马海外波兰人教牧关怀主中心	
		蒙特卡西诺	宣传推广工作	宣传在意大利蒙特卡西诺的波兰第二军团纪念博物馆及波兰战争公墓	
12	奥地利	维也纳	保护工作	维护卡伦伯格（Kahlenberg）区教堂内的两座祭坛	二期
13	德国	柏林	档案管理工作	对柏林国家图书馆的历史足迹进行研究	五期
14	印度	莫尔维	保护工作	实现莫尔维宫殿内斯蒂芬·诺布林（Stefan Norblin）画作的数字化	五期
15	美国	芝加哥	保护工作	维护美国波兰博物馆收藏的100份海报及艺术品	
		奥查德莱克		维护位于奥查德莱克的由波兰布道所收藏的一批信件及画作	
			档案管理工作	罗列美国境内的波兰教区、教堂驻地及摄影作品的清单	
				实现美国波兰艺术及科学研究所的全部档案的数字化	
				实现美国毕苏茨基研究所的卢茨扬·热利戈夫斯基将军相关材料的数字化	
			宣传推广工作	在美国举行纪念里萨德·库克林斯基（Ryszard Kukliński）的展览会	
16	阿根廷		档案管理工作	对在阿根廷境内的波兰私立及社区档案馆（由卡尔塔中心基金会负责管理）中的藏品进行归档	一期
				保护在阿根廷的波兰档案遗产，罗列清单并编辑卢比兹-奥尔沃夫斯基（Lubicz-Orłowski）家族档案	
17	新西兰		档案管理工作	实施项目"在新西兰被遗忘的波兰社区——保存与推广"（The Forgotten Polish Community of New Zealand – Preserve and Popularise）	

续表

序号	国家	地区	类型	内容	进展
18	全球范围		档案管理工作	编纂其他图书馆对海外波兰机构的帮助的目录	五期（该项目由国家图书馆实施）
				对图书馆收藏的"保存并公布国家遗产"数字化项目进行归档	
				罗列位于旧东部边疆地区的公园清单	
				罗列东部地区教堂档案馆清单及数字化方案	
				研究在俄罗斯、立陶宛及白俄罗斯国内的公墓的图像材料	
				通过海外档案研究对波兰电影遗产进行归档	
				出版阿尔贝托·维米娜（Alberto Vimina）著的《波兰内战史》（History of Polish Civil Wars Divided into Chapters）	

由于2016年6月1日斗争与殉难遗址纪念保护理事会解散，其需履行国际协议相关义务的职责和保护战争纪念碑、墓地与海外公墓的职责便由文化和国家遗产部负责履行。在文化和国家遗产部管理下，海外文化遗产与战争损失司以及新成立的海外国家纪念馆有如下职责：履行保护国家纪念碑、墓地与海外公墓的职责，履行相关国际协议规定的义务；保护海外国家纪念馆以及常设设施，组织相关人员开展纪念活动；建立新的常设纪念馆，以纪念相关事实、事件及人员；辅助其他机构保护战争纪念碑与组织开展纪念活动；与波兰侨民组织和海外社区合作，保护战争纪念碑和常设纪念馆；执行文化和国家遗产部的新计划，如"海外国家纪念馆"计划等。

"海外国家纪念馆"计划首批受益者已于2017年获得项目资金支持，申请人共获得波兰"海外国家纪念馆"计划提供的近400万兹罗提的资助，这些资金将分别用于发展34个项目，项目共分为四类：保护/翻新工作、编目/文件/研究工作、纪念馆管理工作，以及新设纪念/庆典活动。

(1) 乌克兰

①保护／翻新工作：

布利施维茨——对西结·贝热维奇（Ezechiel Berzeviczy）的墓碑、卡罗尔·罗伊奇（Karol Różycki）波兰骑兵旅中尉纪念碑以及博舒夫采（Bołszowce）庄园（教区墓地）纪念馆开展保护工作；

利沃夫——修复三处利沃夫市长的公墓，他曾参与民族起义，修复十一月起义烈士公墓，即利恰基夫（Lychakiv）公墓内的"铁连队"公墓；

勒帕廷——修复牺牲于勒帕廷的波兰士兵的公墓与纪念馆以及 1920 年斯卡诺夫卡遇难者的公墓与纪念馆；

莫斯蒂卡——计划在莫斯蒂卡公墓内修建战争公墓，以纪念 1939 年在利沃夫阵亡的波兰士兵；

尼斯基尼奇（现属新沃林斯克）——对在尼斯基尼奇的基辅亚当克什总督雨花石纪念碑开展保护工作（一期）。

②编目／文件／研究工作：

启动"国家记忆保卫者"项目，即对 1939 年在利沃夫阵亡的波兰士兵的公墓进行研究。

③纪念馆管理工作：

保护在乌克兰的波兰战争公墓，即小鹰公墓、叛乱者之丘（Górka Powstańcza）以及萨德沃兹和莫斯蒂卡公墓；

保护乌克兰军团公墓（ZHP Chorągiew Łódzka）；

保护科罗尔山上的战争墓地（ZHP Chorągiew Łódzka）。

④新设纪念／庆典活动：

新设波兰胡塔·皮涅尼亚卡（Huta Pieniacka）镇毁灭周年纪念日、戴蒂亚廷（Dytiatyn）战争周年庆典，以及沃里尼亚的尼米利亚村 127 位遇害村民纪念日。

(2) 白俄罗斯

保护／翻新工作：

对位于多克希齐（Dokshytsy）、杜尼拉维奇（Dunilavicy）、格鲁博科耶（Glubokoye）、帕兹维利（Padswilie）和扎多罗兹耶（Zadorozhyje）的波兰战争墓地开展保护工作。

（3）立陶宛

新设纪念/庆典活动：

举办相关会议和庆祝活动，以纪念维尔纽斯及其周边地区波纳利大屠杀的遇难者。

（4）罗马尼亚

新设纪念/庆典活动：

新设拉兰恰（Rarańcza）战争纪念日及西格图（Sighetu Marmației）波兰士兵拘留事件百年纪念日。

（5）意大利

新设纪念/庆典活动：

新设"戴红十字臂章的波兰士兵"——波兰考察队蒙特卡西诺战争73周年纪念日。

（6）法国

保护/翻新工作：

对索格斯（Sorgues）、卢蒙蒂尼（Montigny-sur-Loing）地区的乌东与什科（Tadeusz Kościuszko）将军的纪念碑开展保护工作。

（7）英国

保护/翻新工作：

伦敦——修复南伊灵公墓中塔德乌斯·舍茨（Tadeusz Schaetzl）上校和埃德蒙·查拉斯维奇（Edmund Charaszkiewicz）中校的墓碑。

（8）德国

编目/文件/研究工作：

对波兰纪念馆和德国西北及西南地区战争公墓开展编目和文件整理工作。

（9）格鲁吉亚

新设纪念/庆典活动

巴库西切——新设圣战烈士格里戈尔（Grigol）和在波兰军队中服役的格鲁吉亚军官的纪念日。

（10）伊朗

保护/翻新工作：

对在黑德兰、班达尔安扎里、伊斯法罕、马什哈德以及阿瓦兹的伊朗战争公墓开展保护工作。

4. 坚持波兰海外遗产的修建与修复

海外遗产的修建与修复同样由海外文化遗产与战争损失司负责实施，2017年主要修建与修复工作如下：

对在意大利（蒙特卡西诺、洛雷托、博洛尼亚）、黎巴嫩（贝鲁特）、乌兹别克斯坦（17座公墓）、哈萨克斯坦（4座公墓）以及吉尔吉斯斯坦（1座公墓）等地的波兰战争公墓开展修建与修复；

对在伊朗的波兰战争公墓（杜拉布和德黑兰的波兰战争公墓、犹太公墓的波兰区，以及伊斯法罕、梅斯达德和阿瓦兹的公墓的波兰区）进行整体修复。

5. 推动波兰境内外文化遗产的收回

自1992年起，文化和国家遗产部就一直在收集1945年后的波兰境内遗失的文化财产数据，并且开展文化遗产收回工作。波兰海外文化遗产的收回由波兰文化和国家遗产部下的海外文化遗产与战争损失司的战争损失科负责。战争损失科的职责包括收集因二战而遗失的文化财产信息；管理全国唯一的战时损失数据库；搜寻在二战中遗失的文化财产；通过发行目录、运营网站、参与博物馆的活动以及其他途径，普及有关战时遗失的文化财产的知识；收回在波兰境内外发现的遗失的文化财产。

1945年以后波兰境内遗失的各种可移动的文化财产，包括公共、私人及教堂所持有的各类藏品。战争损失科所管辖的数字化战时损失数据库，是波兰全国唯一的记录在二战中遗失的文化财产的数据库，这些文化财产均在1945年后于波兰境内丢失。这项举措的主要目的是记录在战争期间及之后被掠夺的文物的所有有效信息。数据库中的记录为该科提供了一个框架，以便其开展文物搜寻及收回工作。自2008年起，就有了战时损失在线目录（网址：www.dzielautracone.gov.pl），该网站负责发布数据库中所登记的遗失文物的信息。迄今为止，该网站共有3300余条记录。

波兰文物收回工作遵循国际法原则以及文物所在国的法律，文物收回行动的正当性取决于文物发现地及其法律现状。文物收回命令是根据收集而来的信息文件发布的，这些文件必须明确指出文物出处，说明文物丢失情况，最为重要的是证明文物所有权。

2017年回归波兰的文物有以下几项。

①艾米·佐伊（Aimée Zoe Lizinka de Mirbel）的《淑女肖像》1833年缩影

这幅缩影原本属于弗罗茨瓦夫的西里西亚工艺美术文物博物馆。它于1943年由德国政府运往下西里西亚的艺术仓库。它在仓库及其藏品被烧毁之前被盗。该文物一直下落不明，直到2013年9月，文化和国家遗产部才在缩影图网站上发现了这幅画。当时确认该画在美国为私人所收藏。在文化和国家遗产部与FBI的共同努力下，该文物得以回归波兰。目前，它藏于弗罗茨瓦夫国家博物馆。

②弗朗西塞克·马拉斯克（Franciszek Mrażek）的《在炉灶台上》

二战之前，这幅画很可能藏于斯帕拉（Spała）的波兰共和国总统宫殿内。不幸的是，在战争期间，宫殿遭到掠夺并被彻底焚毁。2017年1月，一名1940年驻扎在斯帕拉的德国军官的孙子联系了波兰当局，表示愿意归还这幅画。2017年3月，这幅画移交至诺维·桑茨（Nowy Sącz）区博物馆。

③西蒙·德·弗利格（Simon de Vlieger）的《舟行海上风暴》

这幅画在华沙起义期间，被人从总政府宣传部负责人威廉·奥伦布施在华沙的私人收藏场所内盗走。此后就一直下落不明，直到2016年5月，伦敦有一家名为"丢失艺术品登记处"的公司向文化和国家遗产部递交了认证请求，希望能够核实一件在德国拍卖行发现的文物。后经与店主协商，该作品于2017年回归波兰。如今，这幅画陈列于华沙国家博物馆。

④罗伯特·李维文斯克（Robert Śliwiński）的《古堡街道》

这幅画在二战前存于弗罗茨瓦夫的西里西亚精细艺术博物馆。1942年，德国政府将该作品和其他博物馆藏品一起运送到下西里西亚卡米涅茨（Kamieniec Ząbkowicki）的一个艺术品仓库，后在此丢失。2017年初，人们才再次发现该作品，当时有人以个人名义向文化和国家遗产部透露，该作品在美国宾夕法尼亚州的一家小古董店中出售。联邦调查局得知此事后，成功保护了这幅画。2017 年 11 月，该作品被弗罗茨瓦夫国家博物馆收藏。

6. 现代科技推动波兰文化遗产知识的传播

普及波兰遗失文物相关知识也是战争损失科的职责所在，该工作旨在提升社会对文物保护的意识，与此同时收回更多的文物。知识普及的目标要求相关工作人员积极参加国家和国际层面的会议，并与国家博物馆与公共收藏研究所合作，共同组织关于溯源研究的培训。

ArtSherlock 是一款能够辅助进行文物搜寻的重要应用，它于 2016 年开始运营。这款免费应用可以自动识别二战时期波兰遗失的油画和素描。它使用的是文化和国家遗产部提供的波兰战时损失电子数据库中的数据信息。这个免费的应用程序通过与文化和国家遗产部战时损失数据库中收集的二战时波兰境内遗失的绘画记录进行匹配，实现了对艺术作品图片的即时验证。这是波兰首次采用线上应用程序的方式鉴别战时遗失的艺术品。这款创新应用程序能够让用户随时随地验证对象。既可以使用即时拍摄的照片也可以使用存储在设备中的照片。该应用适用于任何情况，能够识别用户拍摄的任何形式的艺术作品，无论是实物副本还是拍卖目录或是计算机屏幕上展示的副本。该应用程序有波兰语和英语两种语言版本，适用于 Android、iOS、Windows Phone 和 Black-Berry 等操作系统。

ArtSherlock 应用程序是由公共遗产基金会（Communi Hereditate Foundation）运营的原创项目，由隶属花旗银行（Citi Handlowy）的克罗嫩贝格（Kronenberg）基金会提供资助，文化和国家遗产部提供专家支持。在波兰外交代表团官网等地，都有该应用的免费下载链接。该应用程序已在 24 个国家投入使用。其中下载次数最多的国家是波兰，其次是英国、德国和美国。得益于这款应用，现已有 3 件文物被鉴别出来。

第十章
中国与波兰文化交流合作趋势与展望

一 中国—波兰全面战略伙伴关系的建立

（一）战略伙伴关系的建立

应时任中华人民共和国主席胡锦涛邀请，波兰共和国总统布罗尼斯瓦夫·科莫罗夫斯基于 2011 年 12 月 18 日至 22 日对中华人民共和国进行国事访问。访问期间，两国元首就深化双边关系及共同关心的国际和地区问题坦诚、深入交换意见，达成广泛共识。

双方积极评价中波传统友谊，指出建交 62 年以来，特别是 2004 年确立友好合作伙伴关系后，中华人民共和国和波兰共和国（以下简称"双方"）在政治、经济、人文和国际事务等各领域合作稳步扩大，成果丰富。

双方一致认为，拓展和深化中波关系符合两国人民的共同愿望和根本利益，有助于维护世界和平与发展，促进各国和谐共处。为此，双方决定将双边关系提升为战略伙伴关系。

双方将继续秉持 1997 年《中华人民共和国和波兰共和国联合公报》和 2004 年《中华人民共和国和波兰共和国联合声明》的共识精神，以战略眼光把握双边关系大局，本着相互尊重、平等相待的原则，超越社会制度、意识形态的差异，尊重和支持彼此根据本国国情选择的发展道路和内外政策，以及对方为维护国家主权和领土完整所作努力，照顾彼此核心利益，确保两国关系长期稳定发展。

一、双方重视高层交往对双边关系的重要引领作用，愿利用双边互访和在多边场合举行双边会晤等多种形式保持并加强两国领导人经常性联系，密切高层往来。

二、双方决定建立副外长级战略对话机制，就双边关系及共同关心的重大国际和地区问题深入交换看法，协调立场，同时加强两国外交部对口司局交流与合作。

三、双方将共同致力于加强和充实两国政府、立法机构、政党间不同层次、不同级别的对话与合作，交流法制建设、治国理政及经济、社会、文化发展经验，深化平等互信的政治关系。

四、双方表示，将本着互利共赢、共同发展的精神，充分发挥两国政府主管部门、中波政府间经济联委会和商会等中介组织的宏观指导作用和平台功能，支持双方企业的合作，推动扩大贸易规模和双向投资，促进双边贸易平衡发展。中方愿扩大进口波兰产品，鼓励和支持中国企业参与波兰基础设施建设和私有化改造。波方愿为中国企业进入波兰及欧洲市场提供支持和便利。双方充分肯定访问期间举行的中波经济论坛、投资论坛和大学校长论坛对发展双边合作的积极意义。

五、双方欢迎签订两国高等教育合作协议，将尽早签署两国文化部2012~2015年文化合作议定书，继续互办文化节及其他艺术交流活动。双方愿在2012年中欧文化对话年框架下密切合作，将继续为尽快互设文化中心而努力。

六、双方致力于深化在财政、科技、农业、交通、矿业、旅游和高等教育领域的合作，鼓励两国青年、学生和民间团体扩大往来。

七、双方对地方交往的发展感到满意，将积极为两国地方省市合作的进一步发展创造机会，以加深两国社会间的理解，促进地方经济、文化和教育交流。

八、中方支持欧洲一体化进程，支持欧盟为维护金融市场稳定、促进经济健康可持续发展采取的举措，欢迎欧盟在国际事务中发挥更大的建设性作用。中方积极评价波兰在欧盟和国际事务中的作用，赞赏波方在担任欧盟轮值主席国期间为促进中欧关系发展所作努力。双方高度评价中欧全面战略伙伴关系取得的积极发展，将继续推动中欧在各个领域的对话、交流及合作。

波方支持欧盟尽快承认中国完全市场经济地位，并为欧盟在解除对华军售禁令问题上达成共识而努力。

九、波方支持东亚一体化进程，支持中国等国家促进地区和平、稳定和发展的努力。

十、双方主张尊重《联合国宪章》的宗旨和原则，维护联合国的权威和作用，支持对安理会进行合理、必要的改革，使中小国家有更多机会在安理会发挥更大作用。双方愿加强在联合国及其他国际组织中的协调与合作。

十一、当前国际形势正在经历深刻复杂变化，影响和平与稳定的不确定因素增多，全球经济复苏放缓，国际经济金融形势面临诸多挑战。双方一致支持推进国际金融体系改革，反对贸易保护主义，愿继续就国际反恐、气候变化、能源安全、环境保护、可持续发展等全球性问题保持磋商与协调，共同为建设持久和平、共同繁荣的和谐世界作出贡献。

（二）全面战略伙伴关系的发展

应波兰共和国总统安杰伊·杜达的邀请，中华人民共和国主席习近平于2016年6月19日至21日对波兰共和国进行国事访问。

访问期间，两国元首在坦诚、友好的气氛中就中波政治、经贸、社会、文化合作和中国—中东欧国家合作、中欧关系及共同关心的国际和地区问题深入交换意见。两国元首一致认为，深化中波合作符合两国利益，一致同意中华人民共和国同波兰共和国建立全面战略伙伴关系。

一、中波视彼此为长期稳定的战略伙伴，视彼此发展为互利共赢的重要机遇。两国间建立了政治互信，定期在高级别层面坦诚交流意见。双方将本着相互尊重、平等相待、合作共赢的精神，加强在政治、经济、社会、文化等各领域合作，扩大在国际和地区事务中的协调与配合，全方位提升双边关系水平，造福两国人民。

二、为进一步深化全面战略伙伴关系，双方同意，加强两国高层交往，扩大两国中央和地方政府、立法机构及政党间各级别的交流与合作。

三、双方重申相互尊重主权和领土完整，相互理解彼此利益和重大关切。波方支持台湾海峡两岸关系和平发展，重申奉行一个中国政策。

四、双方愿尊重对方根据本国国情选择的发展道路，并进一步深化政治互信。双方强调在平等和互相尊重的基础上，就促进和保护人权及法治开展交流。

五、双方致力于在中国提出的"丝绸之路经济带"和"21世纪海上丝绸之路"（以下简称"一带一路"）和波兰提出的"可持续发展计划"框架下共同推动双边合作。双方将以《中华人民共和国政府与波兰共和国政府关于共同推进"一带一路"建设的谅解备忘录》为基础，加强"一带一路"与"可持续发展计划"对接，共同组织编制中波合作规划纲要，开展和深化互利合作，实现和平、可持续发展和共同繁荣。

六、双方同意秉承平等和互惠原则，进一步深化全方位经济关系。双方保证公平对待在对方国家积极开展业务的中波企业。

七、双方将充分发挥每两年一次的中波总理定期会晤机制和中波政府间合作委员会的协调作用，发挥中波产业合作指导委员会、经济合作委员会、基础设施事务指导委员会等双边机制对合作的支持作用，深化在经贸、金融、交通物流、基础设施建设、民航、能源、农业、电子商务、科技、环保等领域合作。

双方表示将共同努力，特别是通过提供进入本国市场的更大便利，促进相互投资和双边贸易平衡。双方将继续鼓励和支持两国企业扩大基础设施建设、产能合作等领域合作规模，积极探索新的合作方式。

中方欢迎波兰作为创始成员国加入亚洲基础设施投资银行。

八、双方同意扩大在文化、教育、体育等领域的合作，深化在旅游、卫生、智库等领域的交往，推动两国青年的友好交流。

双方愿不断改进签证程序，为两国人员往来提供最佳条件。

九、双方认为，中国—中东欧国家合作有效促进务实合作与人文交流，已成为中国与中东欧国家深化友好互利合作的重要平台。中国—中东欧国家合作对接欧盟重大倡议，促进中欧全面战略伙伴关系发展。双方愿本着开放包容和互利共赢的原则，加强沟通和协调，共同促进中国—中东欧国家合作取得更大发展。

十、双方认为，中欧都是国际舞台上的重要力量，是推动和平、稳定与繁荣，应对全球性挑战的重要合作伙伴。双方支持全面落实《中欧合作2020战略规划》，推进建设中欧和平、增长、改革、文明四大伙伴关系，深化互利共赢的全面战略伙伴关系。双方支持尽快完成雄心勃勃、全面而且涵盖市场准入、投资保护的中欧投资协定谈判。中方高度评价波兰在中欧关系中发挥的积极作用。

十一、双方强调，遵循《联合国宪章》的宗旨和原则，致力于推动国际关系民主化和法治化。双方主张世界各国在平等互信、包容互鉴、合作共赢的基础上共迎挑战、共谋发展、共享繁荣。

双方支持联合国在维护世界和平与安全、促进各国共同发展、和平解决国际争端、应对人类共同面临的问题方面发挥主导作用，主张加强联合国及其安理会的作用与权威。

二 近年来中国与波兰经贸合作情况

为促进中国与波兰合作的发展，两国已经建立相应的制度框架。波兰总统布罗尼斯瓦夫·科莫罗夫斯基于2011年12月对中华人民共和国的正式访问是推动中波关系发展的一个重要因素。此次访问期间，双方表示："将本着互利共赢、共同发展的精神，充分发挥两国政府主管部门、中波政府间经济联委会和商会等中介组织的宏观指导作用和平台功能，支持双方企业的合作，推动扩大贸易规模和双向投资，促进双边贸易平衡发展。中方愿扩大进口波兰产品，鼓励和支持中国企业参与波兰基础设施建设和私有化改造。波方愿为中国企业进入波兰及欧洲市场提供支持和便利。双方充分肯定访问期间举行的中波经济论坛、投资论坛和大学校长论坛对发展双边合作的积极意义。"[1]

在布罗尼斯瓦夫·科莫罗夫斯基总统访问中国期间，随行的商务代表团，即来自波兰的不同行业的企业家都表达了在中国开展业务的意愿，并邀请中国合作伙伴去波兰拓展市场。波兰企业与中国企业建立合作关系得到了双方国家的支持与保障。这次访问之后，中国—波兰的联合行动方案中的一些设想已经得到落实，包括举办了很多有关经济、投资和科学的论坛，比如在格但斯克举办了第一次地方合作论坛，在广州举办了第二次地方合作论坛，以及波兰航空公司新增加了从华沙至北京的航班等。

两国政府合作的意愿也体现在战略伙伴关系行动协调部际小组的设立上。

---

[1] 《中国和波兰关于建立战略伙伴关系的联合声明》，中华人民共和国中央人民政府网站，http://www.gov.cn/jrzg/2011-12/20/content-2025074.htm。

在这一小组中，商务理事会将充当中国和波兰企业对话的平台。2012年3月12日，旨在促进中国—波兰经济合作的倡议，即"Go China"倡议正式启动。作为一项倡议，"Go China"鼓励波兰企业家发展与中国合作伙伴的业务关系。波兰政府已意识到充满活力的中国经济所带来的巨大商机，决定采取进一步措施以加强波兰和中国的经贸往来。作为对中国方面"走出去"战略的回应，波兰方面提出了"Go China"——这是一个与中国的发展保持一致的倡议。"Go China"的目的是鼓励波兰企业家开拓中国市场，并协助他们寻找中国的合作伙伴。该倡议是波兰经济部门的一项举措，并且在北京和上海的波兰大使馆的贸易投资促进部门进行了推广。波兰的农业和农村发展部、体育和旅游部、波兰信息和外国投资局、波兰企业发展局和农业市场局也纷纷开展推广工作。该倡议的一个重要组成部分是建立了门户网站，即 www.gochina.gov.pl。波兰企业家需要收集和系统化整理众多且分散的关于与中国企业合作的信息，因此这个网站应运而生。该网站的内容包括产业信息、波兰企业如何在中国做生意、中国的进出口规则、中国的商业法规以及中国商业文化。网站还邀请企业家对网站内容进行更新，旨在为企业家经验交流搭建平台。

考虑到中国的经济发展潜力及发展势头，波兰与中国合作的主要目标是发展经济——扩大波兰对中国的出口，吸引中国的投资，并扩大波兰在中国的直接投资。开展密集的政治对话以及加强在教育、文化和旅游方面的合作可以促进上述目标的实现。波兰希望宣传自己的文化遗产，并向波兰企业家提供有关中国的信息。这些努力可能会推动波兰企业与中国同行的合作，使两国之间的经济关系更为持久和深入。然而，双方地理上的距离、中国经济的巨大规模和内部的多样性，以及波兰和中国之间的各种差异也给双方合作带来了很多挑战。

2012年温家宝总理访问华沙期间提出了中国与中东欧国家之间的合作机制，即中国—中东欧国家"16+1"（目前是"17+1"）合作机制。该机制包括中国和16个（目前17个）中东欧国家：阿尔巴尼亚、波斯尼亚和黑塞哥维那、保加利亚、克罗地亚、捷克、爱沙尼亚、匈牙利、马其顿、黑山、立陶宛、拉脱维亚、罗马尼亚、波兰、塞尔维亚、斯洛伐克和斯洛文尼亚（后加入了希腊)。这是加深中国—波兰、中国—欧盟关系的一个重要平台。波兰是中东欧国家中最大的一个,也是中国重要的战略合作伙伴,是中国—中东欧国家合作机制的重要参与者。这个机制必将成为加强中国与波兰双边关系的有效渠道。

中国与中东欧国家的合作为中国与波兰的关系走上"快车道"、获得全面发展提供了一个新的机遇,也将促进两国的双边务实合作取得更多具体的成果。几乎所有中国和欧洲之间的国际货运列车(目前正日趋活跃)都要经过波兰领土,这使波兰成为中国和中东欧国家之间越来越重要的物流枢纽。在中国—中东欧国家投资合作基金推出后不久,在波兰的几个新能源项目投资就取得了成功。

同样重要的一点是,中国和波兰一直在共同努力推进"一带一路"建设。"一带一路"的建设将给中国和波兰扩大双边贸易、增加双边投资、中国进入欧洲以及波兰进入亚洲带来重大机遇。

三 中国与波兰文化交流合作情况

中波对彼此文化的兴趣在中波建立外交关系之前就早已存在,但是更广泛的文化合作直到1949年中华人民共和国与波兰建立外交关系才正式展开。目前,双方最重要的合作领域包括音乐、戏剧、博物馆方面的合作以及文学著作的翻译。电脑游戏等新领域的合作也越来越突出。在20世纪50年代中波文化合作的初期,艺术团体的访问交流发挥了重要作用。波兰玛佐夫舍歌舞团的演出在中国的流行可以说是这一时期的标志。1954年北京外国语学院(北京外国语大学前身)创立了波兰语专业,这对于中波文化合作的长期发展起到了至关重要的作用。在随后的一些年里,随着波兰语专业的发展壮大,在中国的波兰文化爱好者不断增多,还出现了许多才华横溢的文学翻译家。特别是易丽君教授出色的翻译,使得中国读者了解了亚当·密茨凯维奇(Adam Mickiewicz)、亨利克·显克微支(Henryk Sienkiewicz)、维尔托德·贡布罗维奇(Witold Gombrowicz)和奥尔加·托卡尔丘克(Olga Tokarczuk)的作品。弗雷德里克·肖邦(Fryderyk Chopin)的作品在中国的广泛流行大力推动了中波在音乐领域的合作。此后,波兰交响乐团和乐队定期在中国举办音乐会,波兰音乐家也常常在来中国的演出期间给中国音乐学院的师生授课。中国钢琴家参加弗雷德里克·肖邦(Fryderyk Chopin)华沙国际钢琴比赛已有多年。除古典乐外,波兰的爵士乐团也在中国演出。得益于密茨凯维奇学院与波兰驻华大使馆文化处展开的合作,2010年之后,波兰戏剧迎来了其在中国最活跃的时期。波兰的艺术不仅体现在剧院和戏剧节上,而且体现在波兰导演改编的中国文学作品中,如陆帕(Krystian Lupa)导演的《酗酒者莫非》或亚日那(Grzegorz Jarzyna)导演的《铸剑》。作为博物馆方面合作的一部分,2015年中国最大的波兰展览"来自肖邦故乡的珍宝"在北京国家博物馆举办。近些年来,华沙国家博物馆和华沙国家民俗博物馆也举办了中国的展览。波兰电影作品也参加了北京和上海的国际电影节,并且波兰艺术家还参与了为中国学生举办的讲座和大师班。针对年轻的中国观众,波兰则通过宣传波兰创作者的最新作品或以B2B形式支持两国创作者之间的合作,来推广波兰创意产业。波兰文化和国家遗产部下属的两个机构、密茨凯维奇学院和波兰驻华大使馆文化处,在中国地区协调波兰文化项目中发挥着主导作用。

中国和波兰政府都希望向国外观众展示自己国家最好的文化。两国都希望,通过向外国观众介绍自己的文学、艺术、教育和流行文化,能够吸引更多外国游客。文化交流一直在中波双边关系中发挥着重要作用,为探索中国和波兰社会丰富的文化遗产、传统、价值观和理念搭建了一个很好的平台。为此2011年中波战略伙伴关系的联合声明的第五点,重点指出要推动文化领域合作的不断发展。双方同意进一步努力在对方国家建立文化机构,并继续举办文化日以及艺术交流活动。

中波文化领域的合作正在不断扩大,双方都表示愿意向对方的观众介绍他们自己最好的文化作品。在中国,推广波兰多元文化的重大举措是在北京举办波兰文化节。该活动自2012年以来每年举办一次,也是波兰国家独立日(11月11日)庆祝活动的一部分。第一届文化节时间是2012年11月2日至7日,由波兰共和国外交部、波兰共和国文化和国家遗产部、波兰共和国驻北京大使馆、中华人民共和国驻华沙大使馆、密茨凯维奇学院和波兰地区元帅府联合筹办。波兰文化节是一个跨领域的活动,其内容包括古典音乐会、展览、会议和波兰美食展。第一届北京波兰文化节受到了中国观众的热烈欢迎，并成功吸引了成千上万的音乐爱好者走进北京音乐厅，欣赏波兰作曲家斯坦尼斯拉夫·莫纽什科、肖邦和克日什托夫·潘德列茨基的杰作。文化节还邀请了多位尊贵的嘉宾莅临，如波兰前总理耶日布泽克、贝多芬协会主席艾兹别塔·潘德列茨卡和波兰共和国驻华大使塔德乌什·霍米茨及大使夫人。2012 年的波兰文化节之后，其在北京成为一个固定的、每年一度的盛事，并列入城市的文化日历。

此外，在其他文化领域，中国与波兰的交流也日益频繁。例如中国与波兰在电影、电视领域一直保持着良好的交流互动，双方合作密切。2011 年中国国家广播电影电视总局局长蔡赴朝对波兰进行了友好访问，访问期间举办了"梅兰芳电影展"。2018 年，中国北京·波兰电影周、波兰电影产业推介会等活动在也中国顺利举行。

四　中波文化产业政策推广力度较大

中波两国为推动本国的文化产业与文化贸易的发展，都出台了一系列涉及文化产业及贸易的政策。早在 2005 年，中国就正式颁布了《关于进一步加强和改进文化产品和服务出口工作的意见》，明确表明要促进文化产品和服务的出口。2006 年，制定了《关于鼓励和支持文化产品和服务出口的若干政策》，鼓励并支持各种所有制文化企业积极开展、参与和从事文化产品和服务出口业务。2007 年还制定了《文化产品和服务出口指导目录》。

这些文化产业政策的实施与推广，为中波两国文化产业与贸易的发展打下了坚实的基础。

五　中国与波兰未来合作展望

中国在全球格局中重要性的增强使得世界各主要国家或地区性组织奉行积极的对华政策，欧盟也因此建立了许多机制，加强与中国的合作。从中国的角度来看，波兰是中东欧地区最重要的合作伙伴之一，波兰的欧盟成员国的身份为中波两国关系的发展创造了新的机遇。鉴于中国在经济和政治上的重要性，与中国良好和活跃的关系也将提高波兰在欧盟内部和在世界上的地位。

中波关系目前发展势头良好，为两国在地方一级加深合作创造了有利的环境。两国政府也为地方合作提供了大力支持。此外，中国已认识到波兰在欧洲的重要作用，其中的一个绝好例子就是，由于波兰在欧盟中的政治和经济的稳定性以及相当强的话语权，其在中欧合作格局中发挥了很好的牵引作用。

附录：波兰文化产业政府机构

波兰文化和国家遗产部（www.mkidn.gov.pl）

【简介】

波兰共和国文化和国家遗产部是一个政府行政部门，负责波兰文化的各个方面。它由波兰共和国文化部改制而成，于2005年10月31日成立。该部的历史可以追溯到1918年艺术文化部的成立。它于1944年在临时共产主义政府内部重建，此后一直存在。

【地址】

ul. Krakowskie Przedmieście 15/17, 00-071 Warszawa

波兰文化统计中心

【简介】

文化统计中心曾是克拉科夫统计局的一个部门，后于2009年由波兰统计局设立波兰文化统计中心，进行文化相关领域的数据统计分析及相关研究工作。该中心主要任务是收集、分析和发布有关文化领域实体运营的统计数据。

【统计内容】

中心对举办常规舞台表演的机构（如剧院、歌剧和轻歌剧院、爱乐乐团、交响乐团和室内乐团、合唱团、歌舞团、娱乐企业等）以及其他从事文化工作的单位进行研究。主要提供文化机构和其他附属单位的运营数据，以及公众使用情况等数据。中心对这些机构的数据进行定期统计研究，包括其数量和类型，组织活动的数量，活动参与者的数量，文化领域的基本指标、特征现象和趋势，文化活动经济方面的情况和文化领域的就业率等。

中心研究领域还涵盖大众娱乐活动及艺术与古董市场，还对当前文化产业生态环境进行分析，包括针对文化创意团体（文化机构与文化创意相关部门）的经济表现、国际服务贸易和文化创意服务的经济表现，以及公共和家庭文化支出的情况等进行分析，并通过研究成果展示文化产业对国内生产总值的贡献率。

波兰数字化部（mc.gov.pl）[①]

数字化部是根据2015年12月7日部长会议颁布的法令成立的，该法令对原行政和信息化部进行了改革。

【愿景】

希望波兰成为一个创新和友好的国家，国家、公民和企业家之间能够进行简单直接的互动。

【任务】

数字化部的目标是通过数字化改善人民的生活。

【地址】

Królewska 27，00-060 Warsaw，NIP 5213621697，Regon 145881488

波兰教育部（www.men.gov.pl）

由斯坦尼斯瓦夫·奥古斯特·波尼亚托夫斯基国王于1773年建立的波兰教育部是世界上第一个教育部，并且传统仍在继续。2012年国际学生评估项目赞扬了波兰教育在数学、科学和读写方面取得的进步。

【地址】

al. J. Ch. Szucha 25, 00-918 Warszawa

---

① 相关简介请参见 https://www.gov.pl/web/digitalization/about-us1。

波兰科学与高等教育部（www.nauka.gov.pl）[①]

科学与高等教育部成立于2006年5月。该部处理与大学生、大学和科学家等有关的问题，负责实施波兰科学和高等教育领域的政策。由相关专家制定战略解决方案，以及欧盟方案和基金的实施计划。支持波兰各大学、研究机构和波兰科学院科研机构的发展。科学界——例如国家科学中心、国家研究与发展中心和波兰国家学术交流机构——共同决定科学资金的分配。

【下属机构】

国家研究与发展中心（NCBR）

波兰国家学术交流机构（NAWA）

国家科学中心（NCN）

【地址】

ul. Hoża 20 lub ul. Wspólna 1/3, 00-529 Warszawa

波兰体育和旅游部（www.msport.gov.pl）[②]

【地址】

ul. Senatorska 14, 00-082 Warszawa

波兰专利局（www.uprp.pl）[③]

波兰专利局于1918年12月28日成立。1919年11月10日，波兰加入《保护工业产权巴黎公约》，参与该领域的国际合作。

【基本任务领域】

对工业产权客体的法律保护；

收集并分享相关文件及专利文献；

共同制定和推广工业产权保护的相关原则。

---

① 相关内容请参见 https://www.gov.pl/web/science/ministry1。

② 相关内容请参见 https://www.gov.pl/web/sport。

③ 相关内容请参见 https://www.uprp.pl/o-urzedzie/Lead03,14,56,1,index,pl,text/。

【业务所辖范围】

（1）直接向波兰专利局提出要求的国际立法；

（2）国际协议：

《专利合作条约》（PCT）规定的专利申请和实用的模型；

根据《欧洲专利授予公约》提出专利申请；

根据《商标注册马德里协定》和协定协议书提出的商标申请。

【地址】

Al. Independence 188/192, 00-950 Warsaw, Skr. post 203

后　记

　　2014年3月，国务院颁布了《关于加快发展对外文化贸易的意见》，同年6月，我所在的北京第二外国语学院国家文化发展国际战略研究院受商务部服务贸易和商贸服务业司委托，就开拓海外文化市场展开研究，发展文化贸易重要的基础条件之一是要了解海外文化市场，没有对文化市场的全面了解和客观分析，进行文化贸易必然是盲目的。基于此，在5个月后我们提交了调研报告，其中把中东欧国家文化市场定义为"被我们遗忘的市场"……2014年7月7日，文化部对外文化联络局发来红头文件《关于委托北京第二外国语学院牵头组建国家文化贸易学术研究平台的函》，从那时起，北京第二外国语学院的文化贸易研究团队就机制化地承担起更重要的责任和使命。

　　2015年初，文化部对外文化联络局欧亚处召集有关部门探讨有关中国与中东欧国家文化交流与合作事项，我提出愿意孵化编撰有关中东欧国家文化市场研究的出版物，同时可以组织召开中国与中东欧国家文化创意产业论坛……彼时，正值中国"一带一路"构想全面实施的开局之年，"一带一路"倡议从顶层设计和规划走向逐步落实，正在走向实质进展阶段。在文化部对外文化联络局的充分信任和大力支持下，"中国—中东欧国家文化创意产业论坛"、《中国—中东欧国家文化创意产业概览》被列入"中国—中东欧国家合作苏州纲要"，此后在中东欧国家文化管理和促进部门的积极协助下，于2016年5月在塞尔维亚贝尔格莱德成功举办了首届"中国—中东欧国家文化创意产业论坛"，论坛上发布了《重新发现：中国—中东欧十六国文化创意产业概览》（汉英对照）上下册……可以说历经这16个月，最大的收获莫过于我们找到了与外方共同推动合作研究的恰当模式，与此同时，即启动孵化"国际文化市场研究"系列丛书。2017年"中国（北京）国际服务贸易交易会"在北京如期举办，时任商务部服务贸易和商贸服务业司司长冼国义在由北京第二外国语学院主办的"第十一届国际服务贸易论坛"开幕式上宣布启动共建"一带一路"主要国家文化市场研究项目。

基于日益夯实的中外合作交流机制，《丹麦文化市场研究》《澳大利亚文化市场研究》《法国文化市场研究》《泰国文化市场研究》相继正式出版发行。此前的这四年又在孕育、孵化、耕耘一切的可能性。

《国际文化市场研究·印度卷》得益于中国国家文化贸易学术研究平台与印度中国经济文化促进会的务实合作。2017年在中国国内的一次学术交流活动，我与印度中国经济文化促进会的艾尔凡·亚兰（Irfan Alam）先生交谈后，双方都有强烈的合作愿望，很快便促成了我们双方签署合作协议，务实合作的第一个项目就是由印度中国经济文化促进会秘书长、经济学家穆罕默德·萨奇夫（Mohammed Saqib）先生主笔的《国际文化市场研究·印度卷》。

《国际文化市场研究·西班牙卷》始于2016年12月我们在比利时召开的"中国—欧盟创意产业及文化贸易论坛"，其中在比利时布鲁日欧洲学院的论坛之后，许雯女士与我就文化贸易的一些基本问题进行了探讨，此后她成为欧洲创意文化Creative-Culture的创始人，在她的积极推动下，时任欧洲委员会议会议员、欧洲议会议员、国际影业委员会电影艺术与电影艺术研究所所长及文化部部长伊格拉斯·盖丹斯（Ignasi Guardans）先生（西班牙）承担起《国际文化市场研究·西班牙卷》的牵头组织撰写工作。

《国际文化市场研究·波兰卷》得益于波兰文化与民族遗产部（现更名为波兰文化、民族遗产与体育部）鼎力支持，特别是要感谢波兰文化与民族遗产部国际关系司首席专家阿伽塔（Agata Kurdziel）女士与高级专家安娜（Anna Ceynowa）女士，2017年在北京"京交会"期间，她们促成了中国国家文化贸易学术研究平台与波兰国家文化中心签署战略合作协议。2018年，波兰文化与民族遗产部作为主办方之一成功举办了第三届"中国—中东欧国家文化创意产业论坛"，波兰副总理兼文化与民族遗产部副部长彼得·格林斯基教授参加了论坛并发表演讲，会议之后我们又进行了小范围会谈，印象最深刻的是副总理先生始终以"教授"称他本人与来自中国的我，让我强烈地感受到他对中国学者的尊重与信任。此后《国际文化市场研究·波兰卷》在双方的共同努力下，由中方编写组主导完成。

《国际文化市场研究·日本卷》是最多舛的，当然，今天看来"一切安排也都是最好的"。本书的重要作者是北京第二外国语学院中日韩合作研究中心主任江新兴教授，2017年初，我向他请教此事并希望得到他的同意，江教授谦逊有度、治学严谨，我们相互交流了多次，后来，江教授在赴日本做访问学者的一年多时间里也拜访了日本许多专家，如日本九州大学郭俊海教授、横滨商科大学小林二三夫教授等。另外，北京第二外国语学院日语学院研究生魏奎、刘晨钰、石优优三位同学为收集资料做了很多贡献，特别要提到的是国内唯一的北京第二外国语学院交叉学科国际文化贸易专业（日本文化贸易方向）的刘昂、许婉玲两位研究生，日语语言应用能力极强，又有文化贸易学科专业知识，对于日本文化市场的理解和思考非常深入，为本书的成功做出了巨大的努力。

诚如上述，这项研究极具开创性，且由中方学术机构主导，是基于中外长期学术交流的合作成果。今天，中国国家文化贸易学术研究平台已经拥有19个国家的23家紧密合作伙伴，学术外交角色日益显现。如今，我们充分发挥"学术外交"角色的独特作用，成为中国文化有效"走出去"的理论探索者与构建者、实践的学术先行者、政府决策咨询的建议者和推动者、人才培养模式创新的领航者、文化遗产传承与发展的护航者、产业贸易促进的倡导者与服务者。我们的团队是由有理想、有抱负的哲学社会科学工作者组成的，必然立时代之潮头、通古今之变化、发思想之先声，积极为党和人民述学立论、建言献策，担负起历史赋予的光荣使命。不追逐名利、不蹭热点，依然坚守"不做书斋里的学术机构，不做纸上谈兵的智库，把学术文章写在提升中华文化国际影响力的发展之路上！"为国际文化贸易的学术推广、为中华文化进行有效的国际传播做出力所能及的贡献。

是以为记。

李嘉珊

2021年8月14日于北京

图书在版编目(CIP)数据

国际文化市场研究.波兰卷/《国际文化市场研究·波兰卷》编写组编著.-- 北京：社会科学文献出版社，2021.12
 ISBN 978-7-5201-9584-3

Ⅰ.①国… Ⅱ.①国… Ⅲ.①文化市场-研究-波兰 Ⅳ.①G114

中国版本图书馆CIP数据核字（2021）第270844号

国际文化市场研究·波兰卷

编　　著 /《国际文化市场研究·波兰卷》编写组

出 版 人 / 王利民
组稿编辑 / 蔡继辉
责任编辑 / 王玉霞
文稿编辑 / 赵海旭
责任印制 / 王京美

| 出　　版 / 社会科学文献出版社·城市和绿色发展分社（010）59367143
地址：北京市北三环中路甲29号院华龙大厦　邮编：100029
网址：www.ssap.com.cn
| 发　　行 / 市场营销中心（010）59367081　59367083
| 印　　装 / 三河市东方印刷有限公司

| 规　　格 / 开　本：787mm×1092mm 1/16
　　　　　印　张：12.5　字　数：197千字
| 版　　次 / 2021年12月第1版　2021年12月第1次印刷
| 书　　号 / ISBN 978-7-5201-9584-3
| 定　　价 / 280.00元（全四卷）

本书如有印装质量问题，请与读者服务中心（010-59367028）联系

▲ 版权所有 翻印必究